Hedgehog Undated Week On A Page Calendar

by
Penelope Bach

ISBN: 9781705984680
Independently published

© 2019 Urchin Wear

ISBN: 9781705984680
Imprint: Independently published

2020

January

S	M	T	W	T	F	S
			1	2	3	4
5	6	7	8	9	10	11
12	13	14	15	16	17	18
19	20	21	22	23	24	25
26	27	28	29	30	31	

February

S	M	T	W	T	F	S
						1
2	3	4	5	6	7	8
9	10	11	12	13	14	15
16	17	18	19	20	21	22
23	24	25	26	27	28	29

March

S	M	T	W	T	F	S
1	2	3	4	5	6	7
8	9	10	11	12	13	14
15	16	17	18	19	20	21
22	23	24	25	26	27	28
29	30	31				

April

S	M	T	W	T	F	S
			1	2	3	4
5	6	7	8	9	10	11
12	13	14	15	16	17	18
19	20	21	22	23	24	25
26	27	28	29	30		

May

S	M	T	W	T	F	S
					1	2
3	4	5	6	7	8	9
10	11	12	13	14	15	16
17	18	19	20	21	22	23
24	25	26	27	28	29	30
31						

June

S	M	T	W	T	F	S
	1	2	3	4	5	6
7	8	9	10	11	12	13
14	15	16	17	18	19	20
21	22	23	24	25	26	27
28	29	30				

July

S	M	T	W	T	F	S
			1	2	3	4
5	6	7	8	9	10	11
12	13	14	15	16	17	18
19	20	21	22	23	24	25
26	27	28	29	30	31	

August

S	M	T	W	T	F	S
						1
2	3	4	5	6	7	8
9	10	11	12	13	14	15
16	17	18	19	20	21	22
23	24	25	26	27	28	29
30	31					

September

S	M	T	W	T	F	S
		1	2	3	4	5
6	7	8	9	10	11	12
13	14	15	16	17	18	19
20	21	22	23	24	25	26
27	28	29	30			

October

S	M	T	W	T	F	S
				1	2	3
4	5	6	7	8	9	10
11	12	13	14	15	16	17
18	19	20	21	22	23	24
25	26	27	28	29	30	31

November

S	M	T	W	T	F	S
1	2	3	4	5	6	7
8	9	10	11	12	13	14
15	16	17	18	19	20	21
22	23	24	25	26	27	28
29	30					

December

S	M	T	W	T	F	S
		1	2	3	4	5
6	7	8	9	10	11	12
13	14	15	16	17	18	19
20	21	22	23	24	25	26
27	28	29	30	31		

2021

January

S	M	T	W	T	F	S
					1	2
3	4	5	6	7	8	9
10	11	12	13	14	15	16
17	18	19	20	21	22	23
24	25	26	27	28	29	30
31						

February

S	M	T	W	T	F	S
	1	2	3	4	5	6
7	8	9	10	11	12	13
14	15	16	17	18	19	20
21	22	23	24	25	26	27
28						

March

S	M	T	W	T	F	S
	1	2	3	4	5	6
7	8	9	10	11	12	13
14	15	16	17	18	19	20
21	22	23	24	25	26	27
28	29	30	31			

April

S	M	T	W	T	F	S
				1	2	3
4	5	6	7	8	9	10
11	12	13	14	15	16	17
18	19	20	21	22	23	24
25	26	27	28	29	30	

May

S	M	T	W	T	F	S
						1
2	3	4	5	6	7	8
9	10	11	12	13	14	15
16	17	18	19	20	21	22
23	24	25	26	27	28	29
30	31					

June

S	M	T	W	T	F	S
		1	2	3	4	5
6	7	8	9	10	11	12
13	14	15	16	17	18	19
20	21	22	23	24	25	26
27	28	29	30			

July

S	M	T	W	T	F	S
				1	2	3
4	5	6	7	8	9	10
11	12	13	14	15	16	17
18	19	20	21	22	23	24
25	26	27	28	29	30	31

August

S	M	T	W	T	F	S
1	2	3	4	5	6	7
8	9	10	11	12	13	14
15	16	17	18	19	20	21
22	23	24	25	26	27	28
29	30	31				

September

S	M	T	W	T	F	S
			1	2	3	4
5	6	7	8	9	10	11
12	13	14	15	16	17	18
19	20	21	22	23	24	25
26	27	28	29	30		

October

S	M	T	W	T	F	S
					1	2
3	4	5	6	7	8	9
10	11	12	13	14	15	16
17	18	19	20	21	22	23
24	25	26	27	28	29	30
31						

November

S	M	T	W	T	F	S
	1	2	3	4	5	6
7	8	9	10	11	12	13
14	15	16	17	18	19	20
21	22	23	24	25	26	27
28	29	30				

December

S	M	T	W	T	F	S
			1	2	3	4
5	6	7	8	9	10	11
12	13	14	15	16	17	18
19	20	21	22	23	24	25
26	27	28	29	30	31	

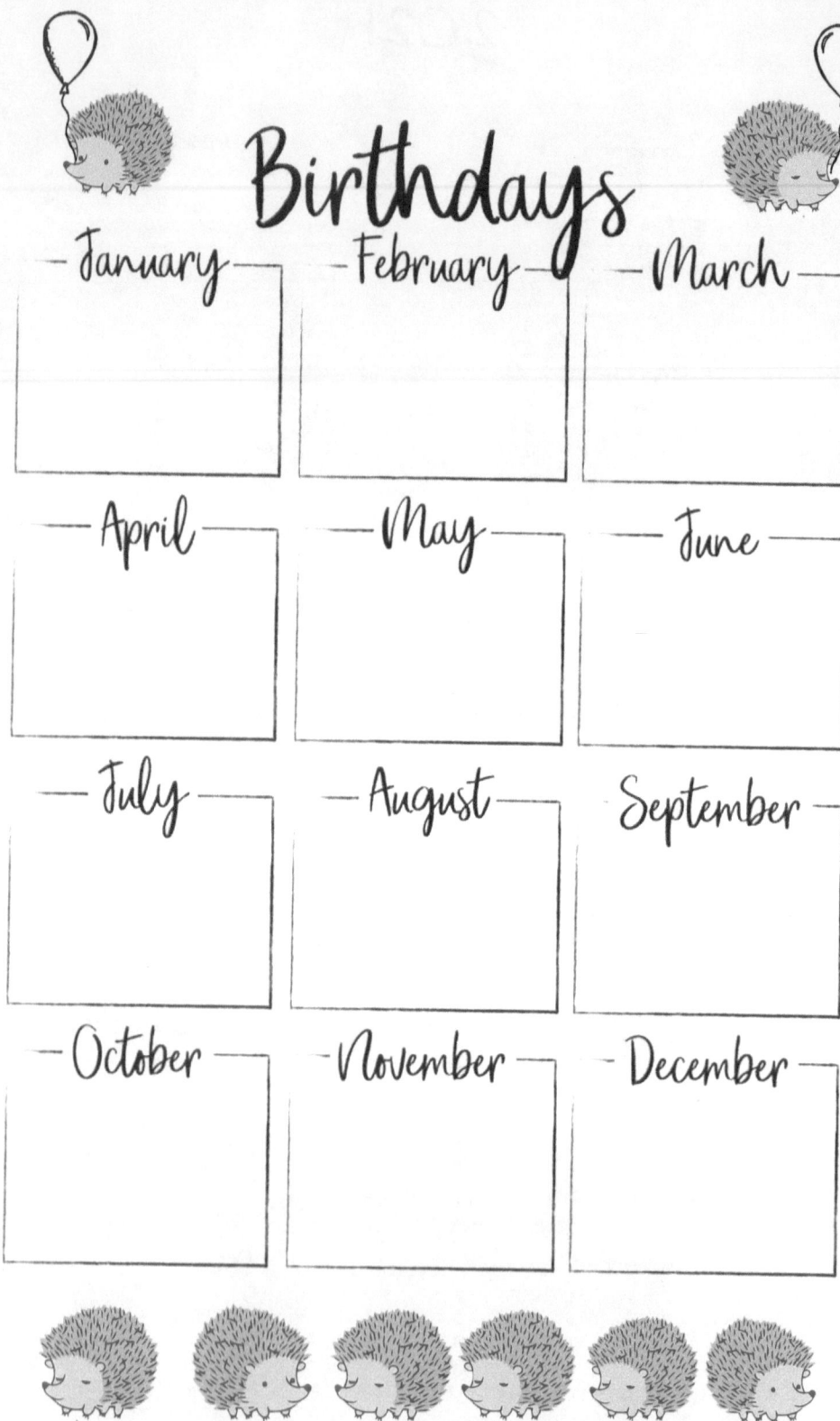

Notes

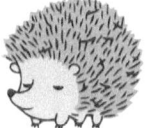 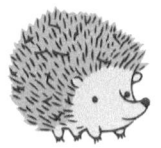 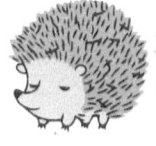 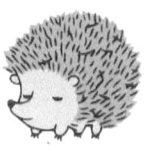 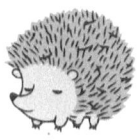 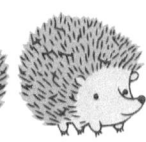

Important Phone Numbers

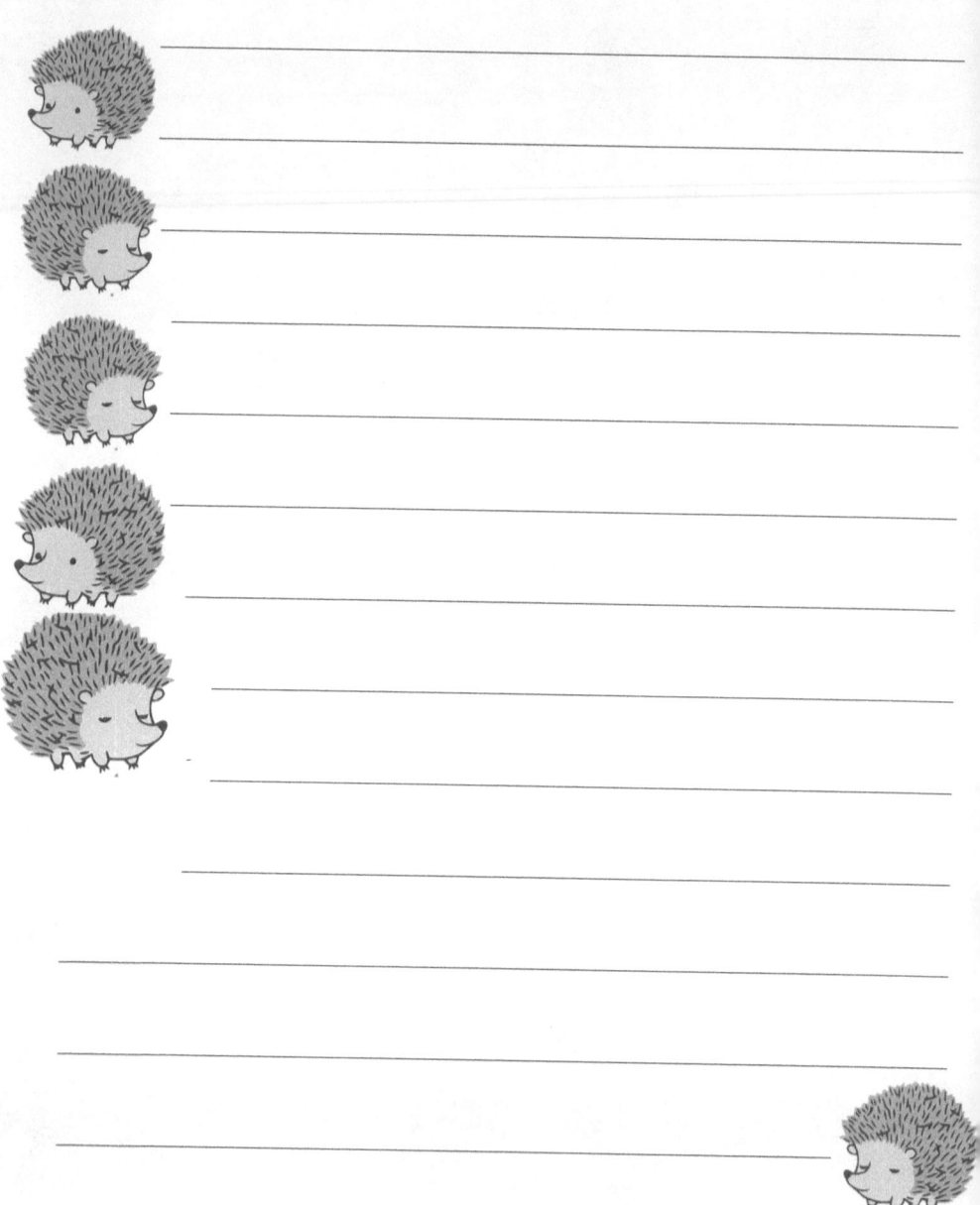

Notes

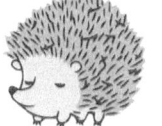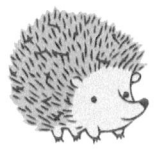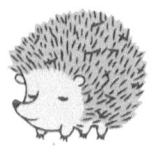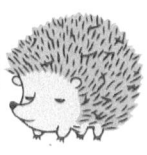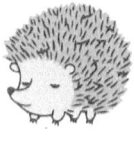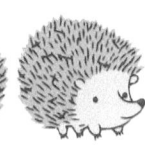

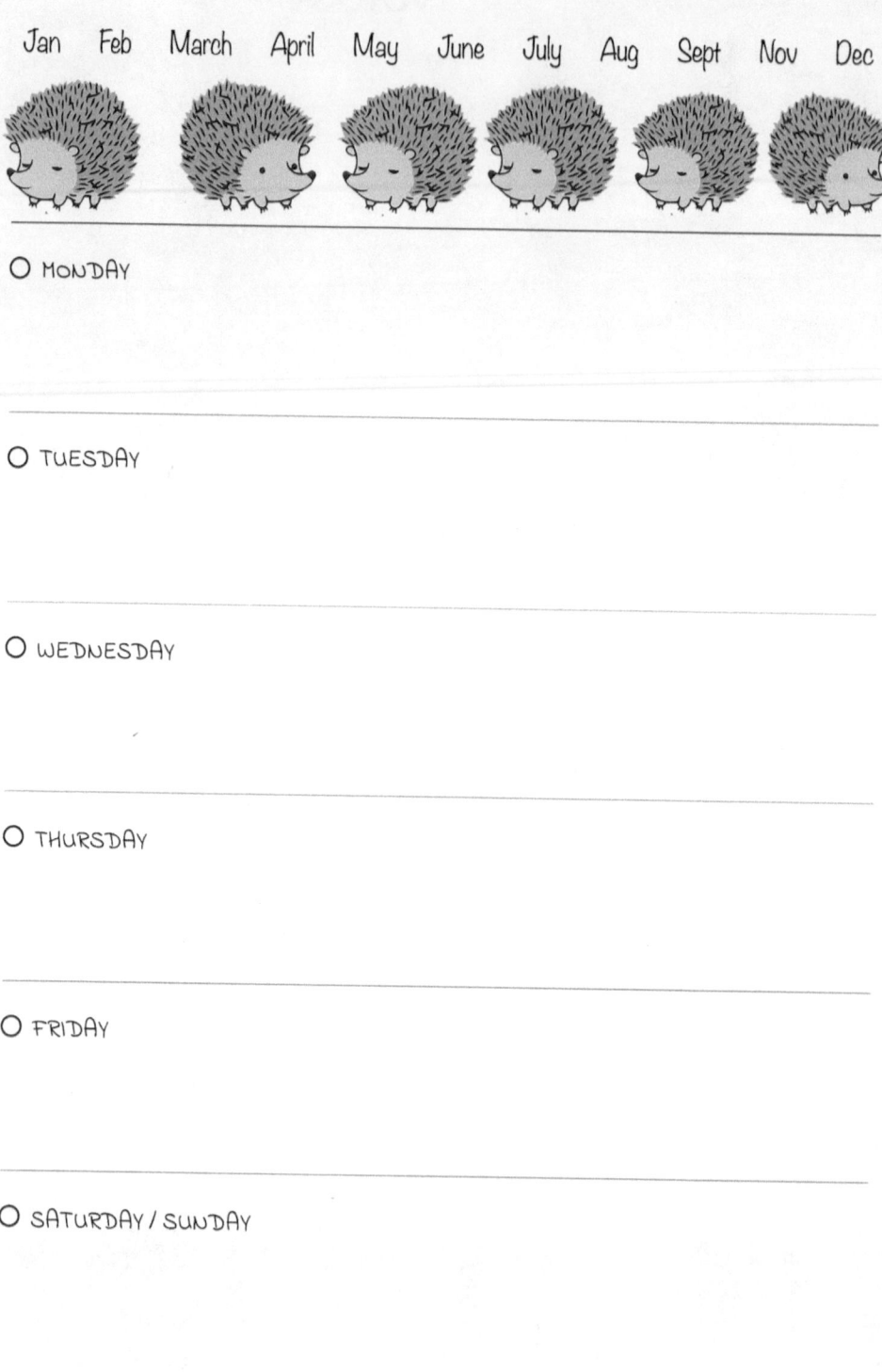

Jan Feb March April May June July Aug Sept Nov Dec

O MONDAY

O TUESDAY

O WEDNESDAY

O THURSDAY

O FRIDAY

O SATURDAY / SUNDAY

Jan   Feb   March   April   May   June   July   Aug   Sept   Nov   Dec

○ MONDAY

○ TUESDAY

○ WEDNESDAY

○ THURSDAY

○ FRIDAY

○ SATURDAY / SUNDAY

Jan Feb March April May June July Aug Sept Nov Dec

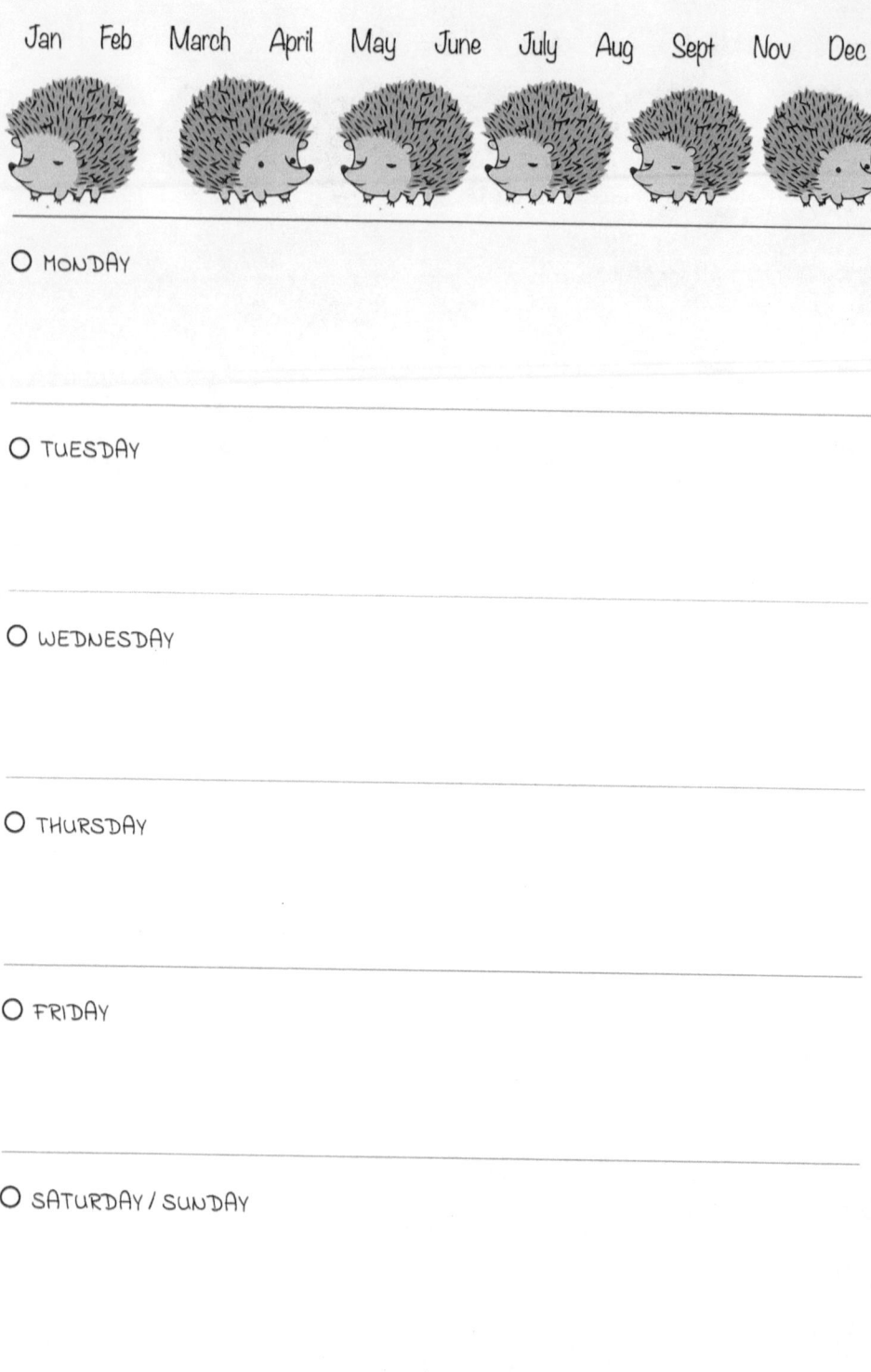

O MONDAY

O TUESDAY

O WEDNESDAY

O THURSDAY

O FRIDAY

O SATURDAY / SUNDAY

Jan   Feb   March   April   May   June   July   Aug   Sept   Nov   Dec

○ MONDAY

○ TUESDAY

○ WEDNESDAY

○ THURSDAY

○ FRIDAY

○ SATURDAY / SUNDAY

Jan Feb March April May June July Aug Sept Nov Dec

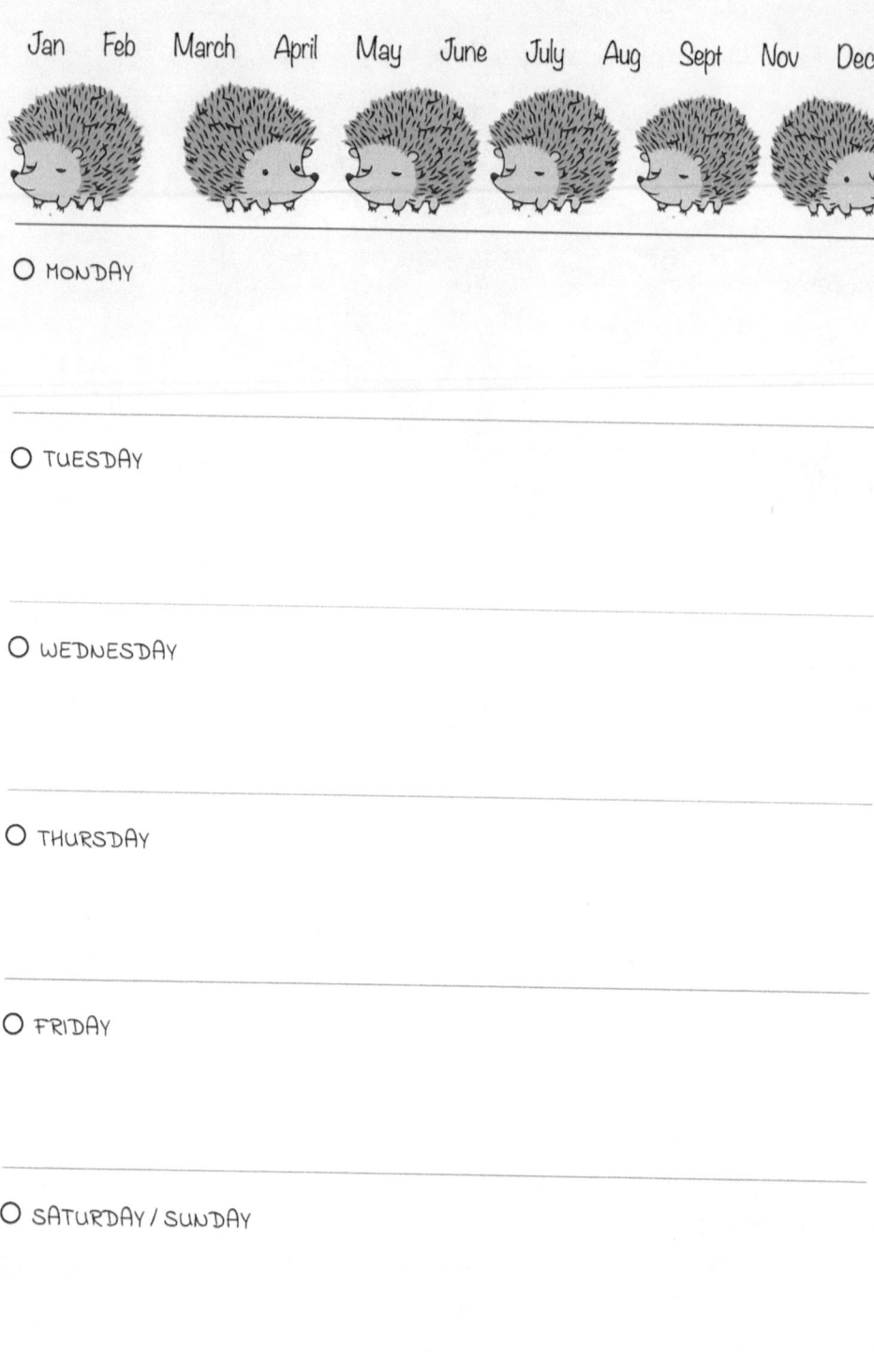

O MONDAY

O TUESDAY

O WEDNESDAY

O THURSDAY

O FRIDAY

O SATURDAY / SUNDAY

Jan   Feb   March   April   May   June   July   Aug   Sept   Nov   Dec

○ MONDAY

○ TUESDAY

○ WEDNESDAY

○ THURSDAY

○ FRIDAY

○ SATURDAY / SUNDAY

Jan Feb March April May June July Aug Sept Nov Dec

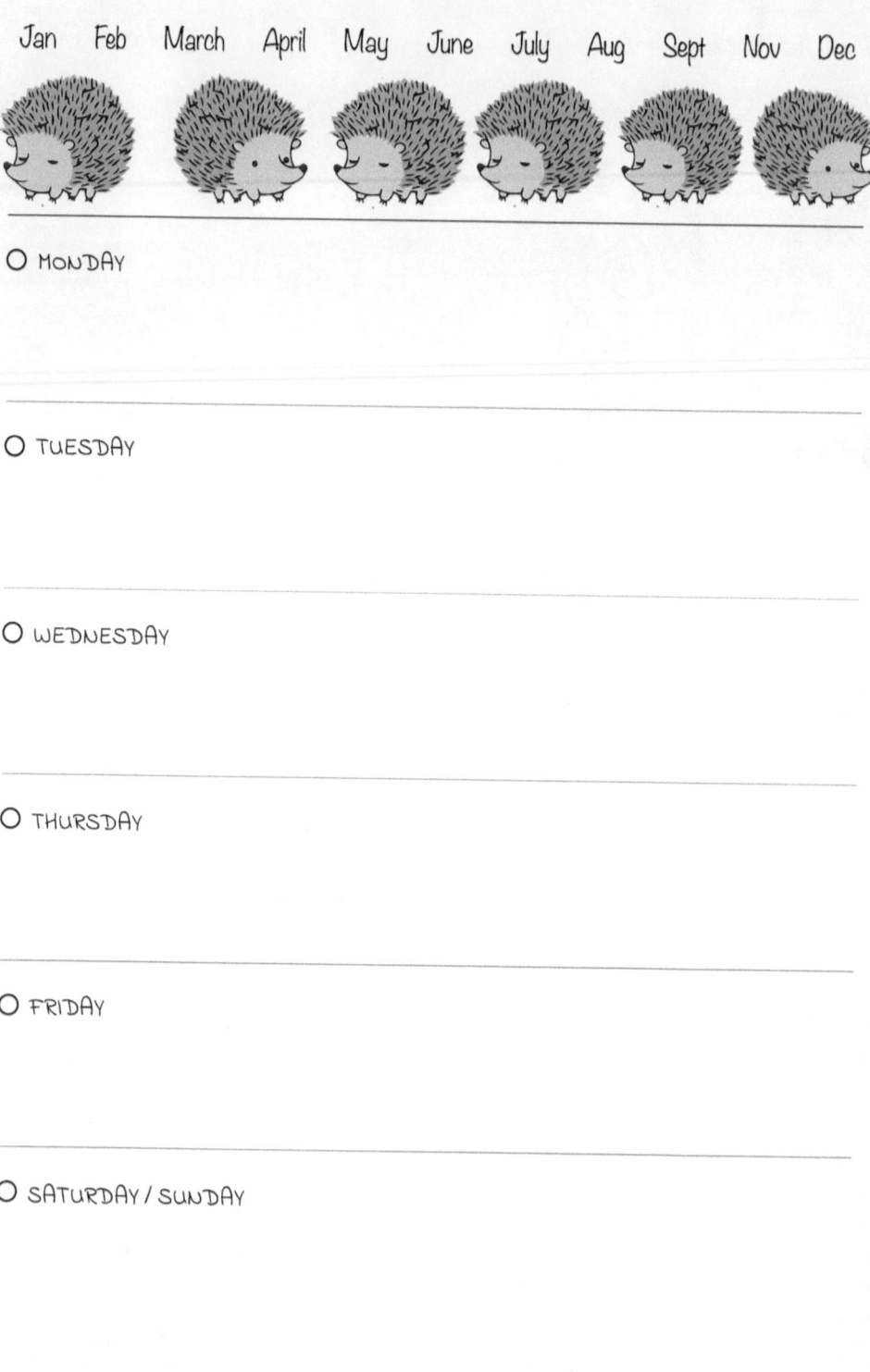

O MONDAY

O TUESDAY

O WEDNESDAY

O THURSDAY

O FRIDAY

O SATURDAY / SUNDAY

Jan   Feb   March   April   May   June   July   Aug   Sept   Nov   Dec

○ MONDAY

○ TUESDAY

○ WEDNESDAY

○ THURSDAY

○ FRIDAY

○ SATURDAY / SUNDAY

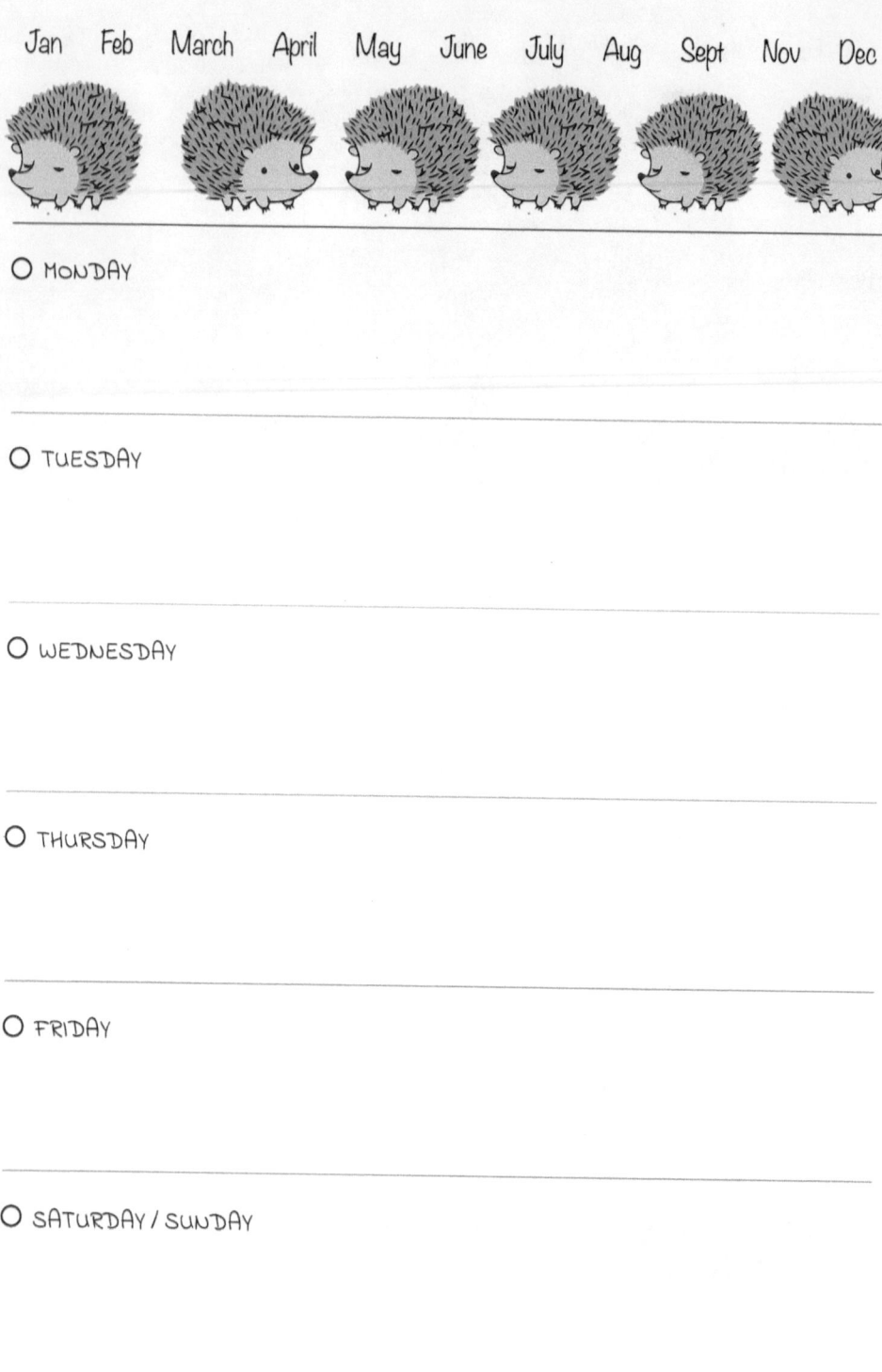

Jan Feb March April May June July Aug Sept Nov Dec

○ MONDAY

○ TUESDAY

○ WEDNESDAY

○ THURSDAY

○ FRIDAY

○ SATURDAY / SUNDAY

Jan   Feb   March   April   May   June   July   Aug   Sept   Nov   Dec

○ MONDAY

○ TUESDAY

○ WEDNESDAY

○ THURSDAY

○ FRIDAY

○ SATURDAY / SUNDAY

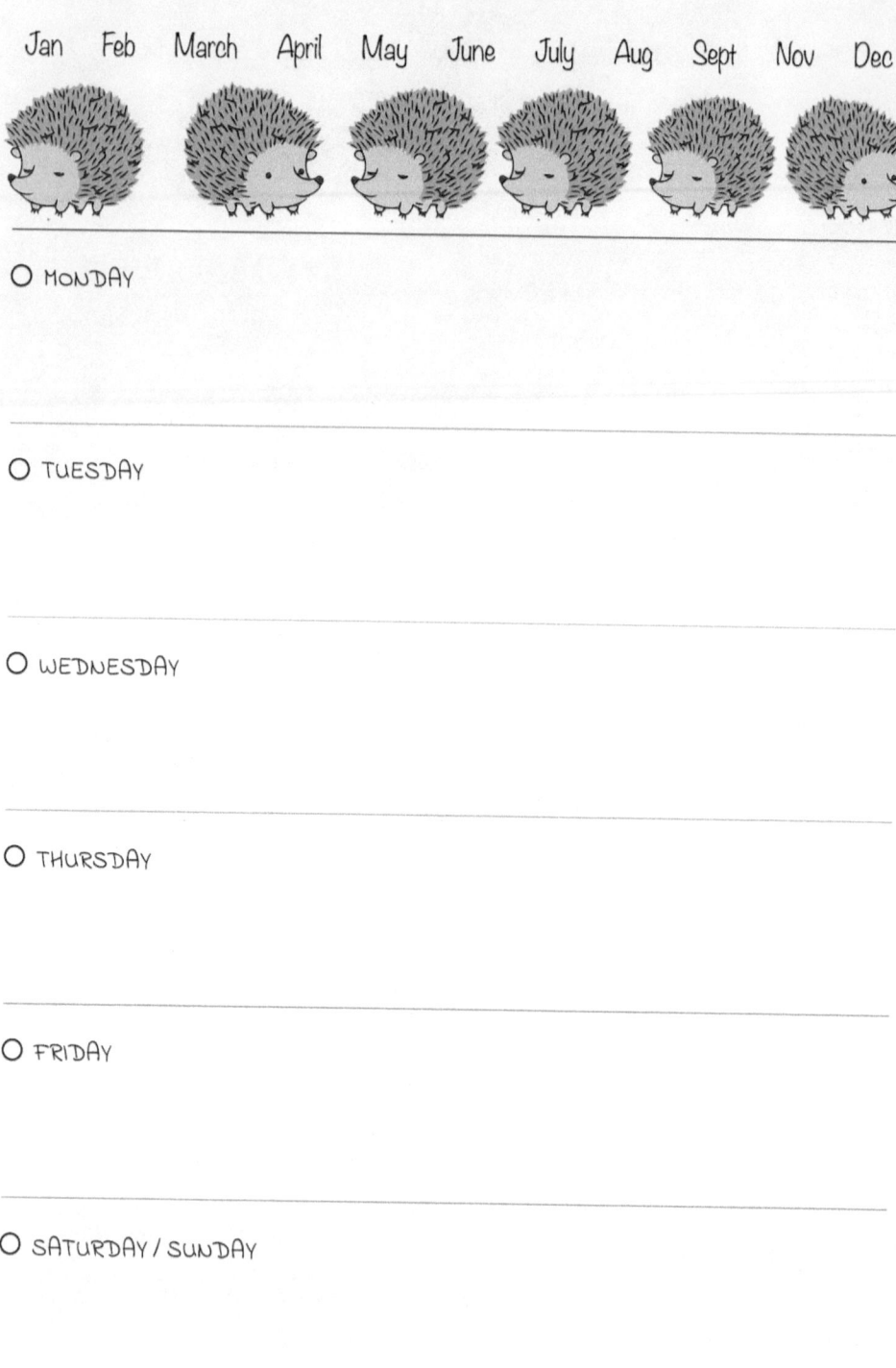

Jan Feb March April May June July Aug Sept Nov Dec

O MONDAY

O TUESDAY

O WEDNESDAY

O THURSDAY

O FRIDAY

O SATURDAY / SUNDAY

Jan Feb March April May June July Aug Sept Nov Dec

- ○ MONDAY

- ○ TUESDAY

- ○ WEDNESDAY

- ○ THURSDAY

- ○ FRIDAY

- ○ SATURDAY / SUNDAY

Jan   Feb   March   April   May   June   July   Aug   Sept   Nov   Dec

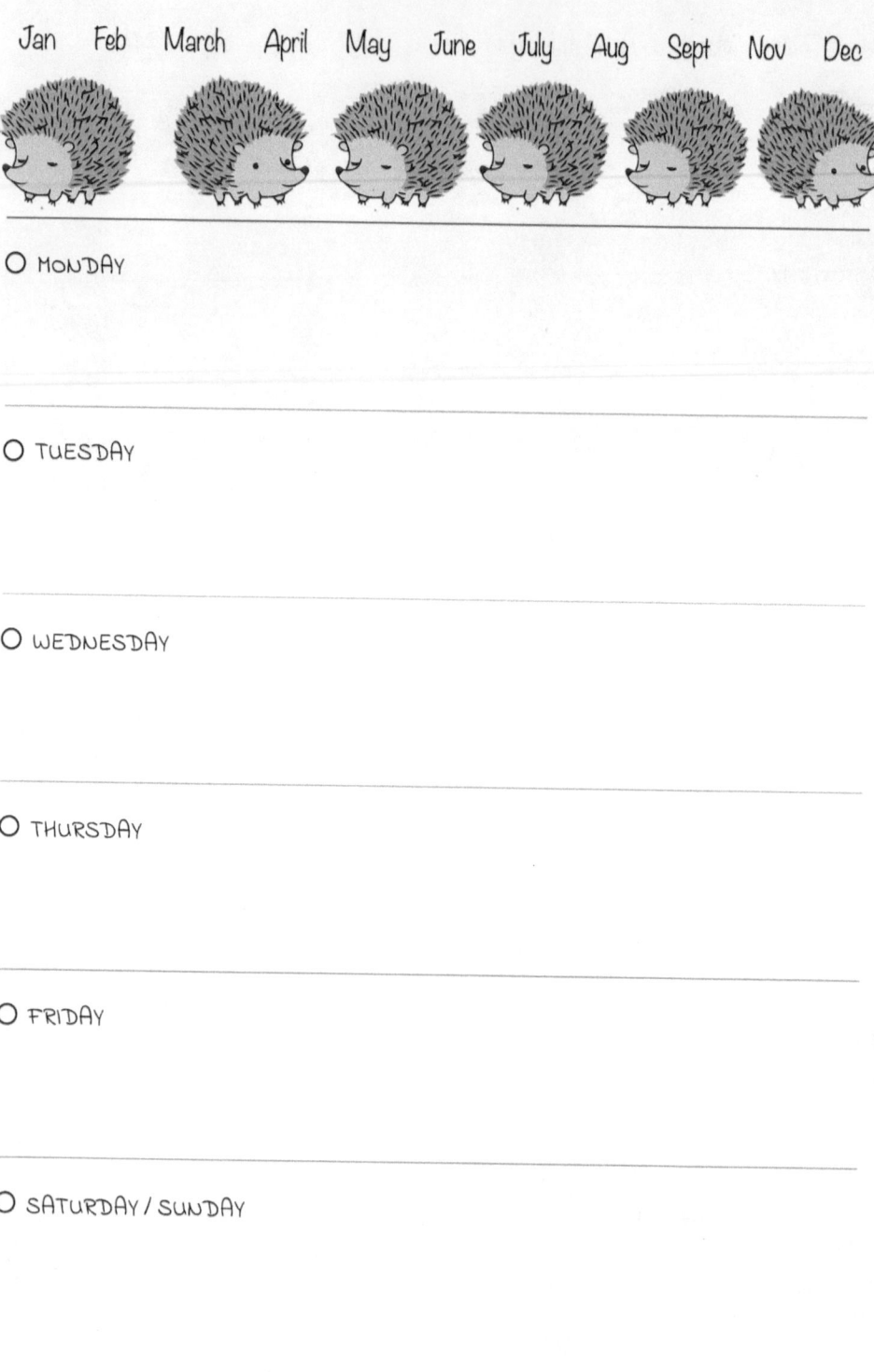

O MONDAY

O TUESDAY

O WEDNESDAY

O THURSDAY

O FRIDAY

O SATURDAY / SUNDAY

Jan Feb March April May June July Aug Sept Nov Dec

○ MONDAY

○ TUESDAY

○ WEDNESDAY

○ THURSDAY

○ FRIDAY

○ SATURDAY / SUNDAY

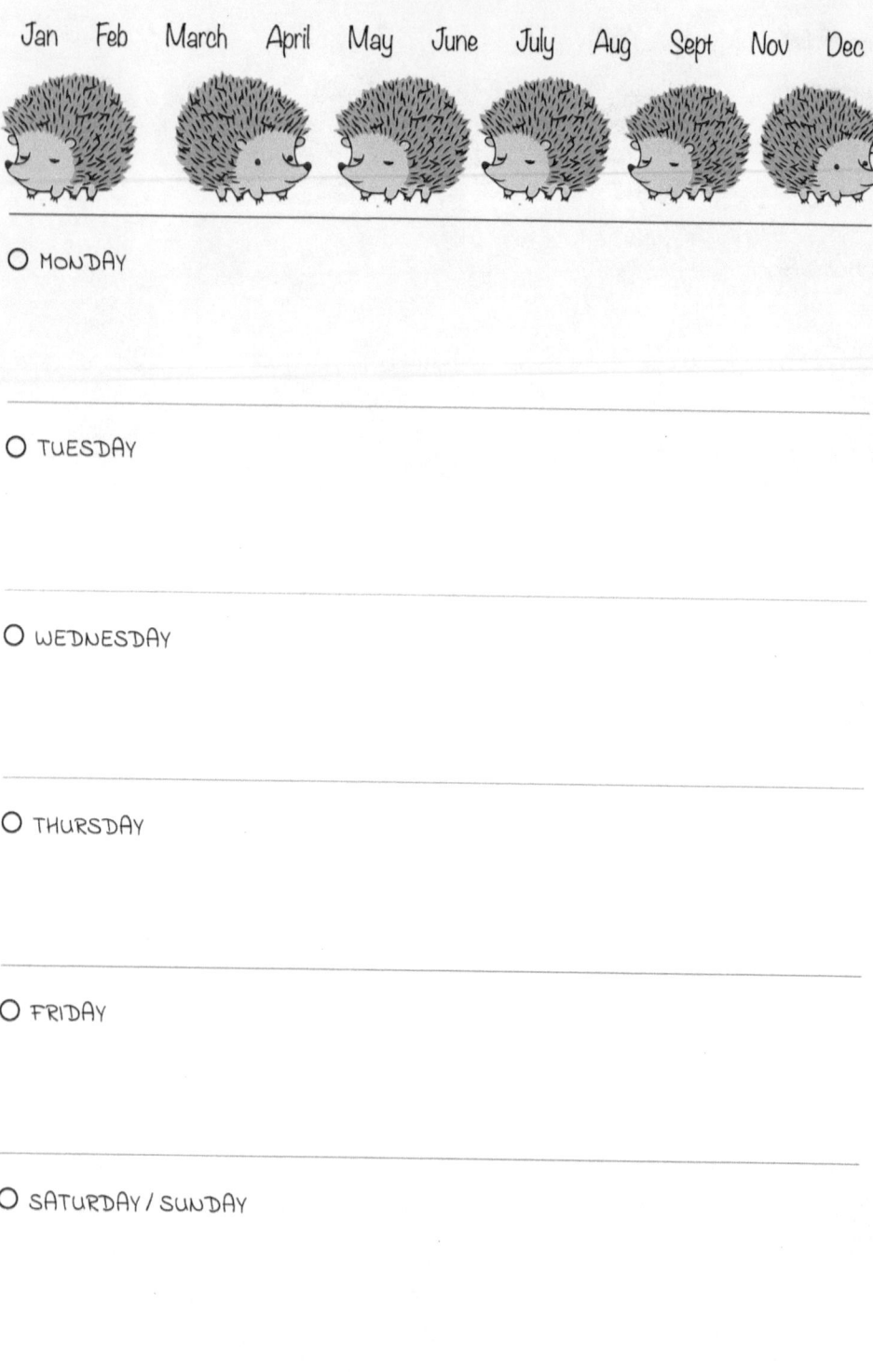

Jan Feb March April May June July Aug Sept Nov Dec

○ MONDAY

○ TUESDAY

○ WEDNESDAY

○ THURSDAY

○ FRIDAY

○ SATURDAY / SUNDAY

Jan Feb March April May June July Aug Sept Nov Dec

○ MONDAY

○ TUESDAY

○ WEDNESDAY

○ THURSDAY

○ FRIDAY

○ SATURDAY / SUNDAY

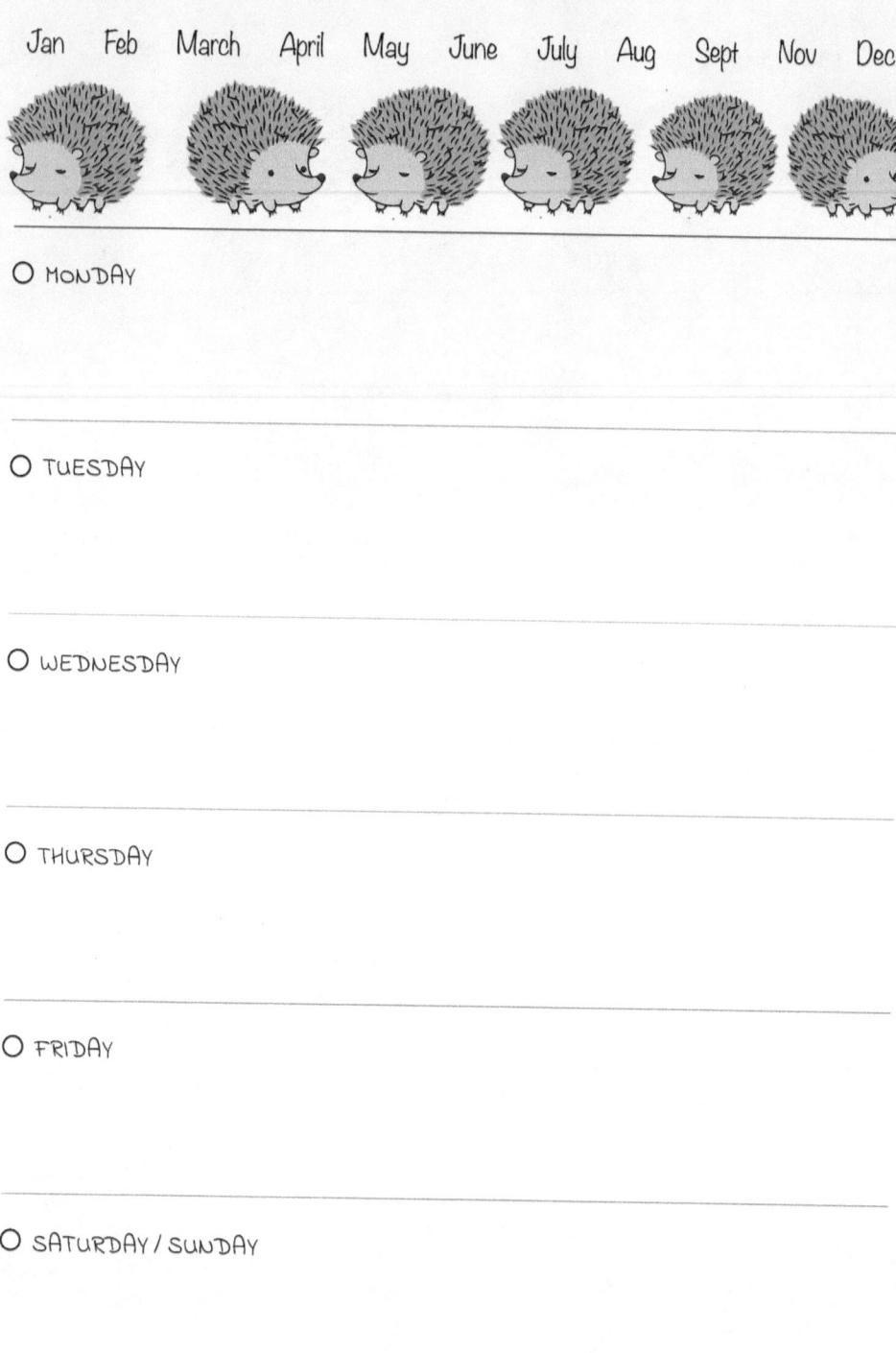

Jan Feb March April May June July Aug Sept Nov Dec

O MONDAY

O TUESDAY

O WEDNESDAY

O THURSDAY

O FRIDAY

O SATURDAY / SUNDAY

Jan   Feb   March   April   May   June   July   Aug   Sept   Nov   Dec

○ MONDAY

○ TUESDAY

○ WEDNESDAY

○ THURSDAY

○ FRIDAY

○ SATURDAY / SUNDAY

Jan Feb March April May June July Aug Sept Nov Dec

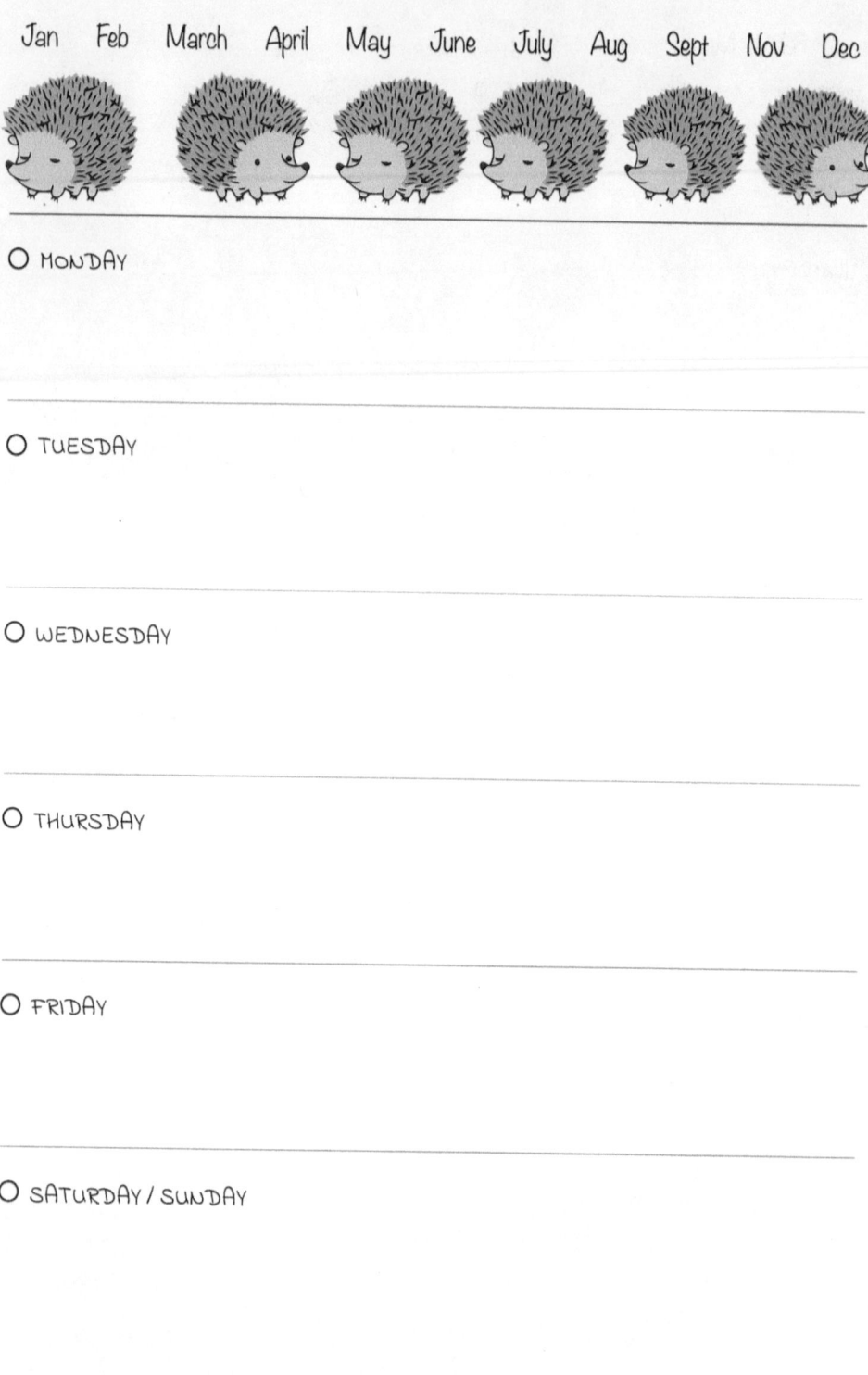

O MONDAY

O TUESDAY

O WEDNESDAY

O THURSDAY

O FRIDAY

O SATURDAY / SUNDAY

Jan   Feb   March   April   May   June   July   Aug   Sept   Nov   Dec

○ MONDAY

○ TUESDAY

○ WEDNESDAY

○ THURSDAY

○ FRIDAY

○ SATURDAY / SUNDAY

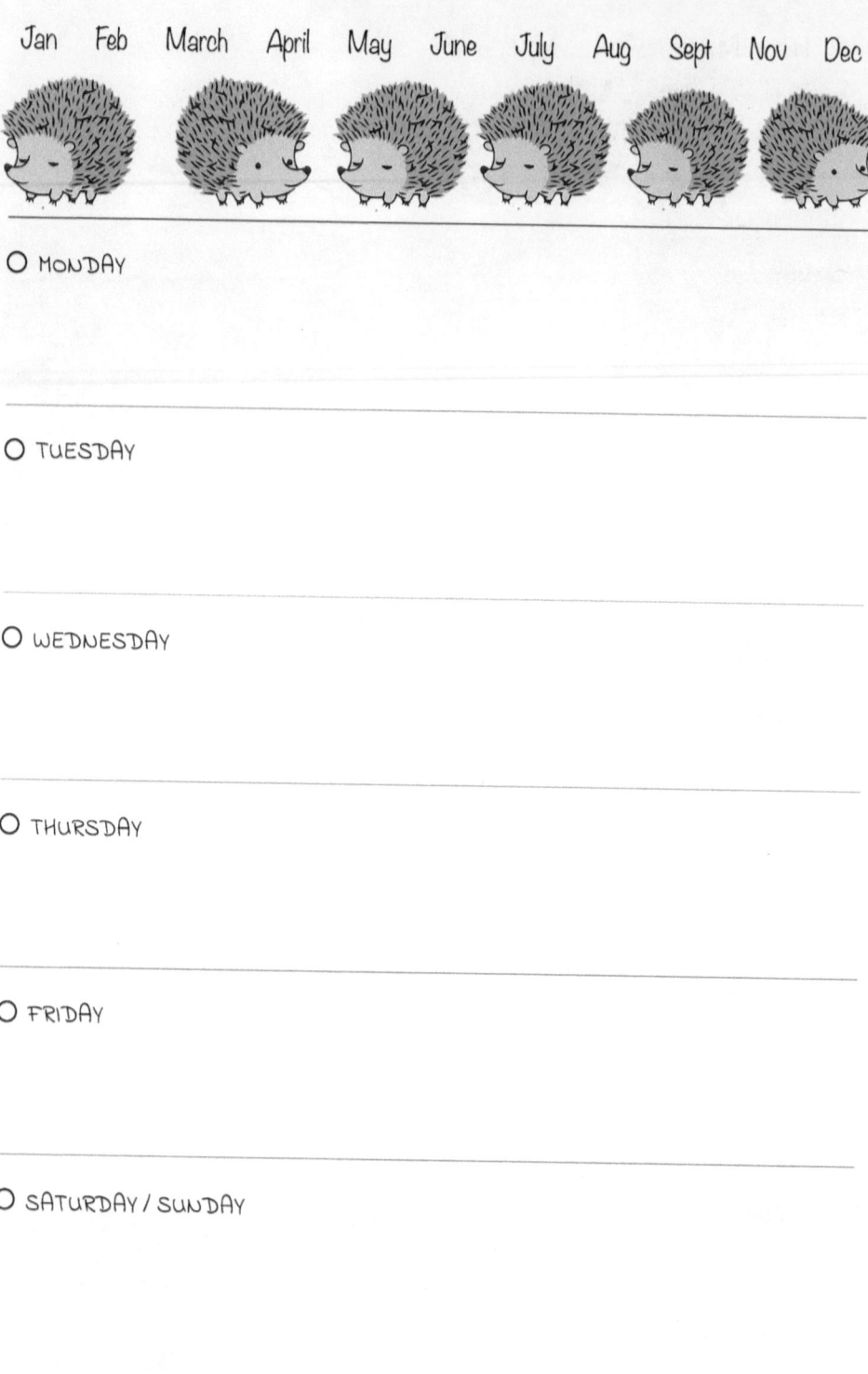

Jan Feb March April May June July Aug Sept Nov Dec

○ MONDAY

○ TUESDAY

○ WEDNESDAY

○ THURSDAY

○ FRIDAY

○ SATURDAY / SUNDAY

Jan   Feb   March   April   May   June   July   Aug   Sept   Nov   Dec

◉ MONDAY

○ TUESDAY

○ WEDNESDAY

○ THURSDAY

○ FRIDAY

○ SATURDAY / SUNDAY

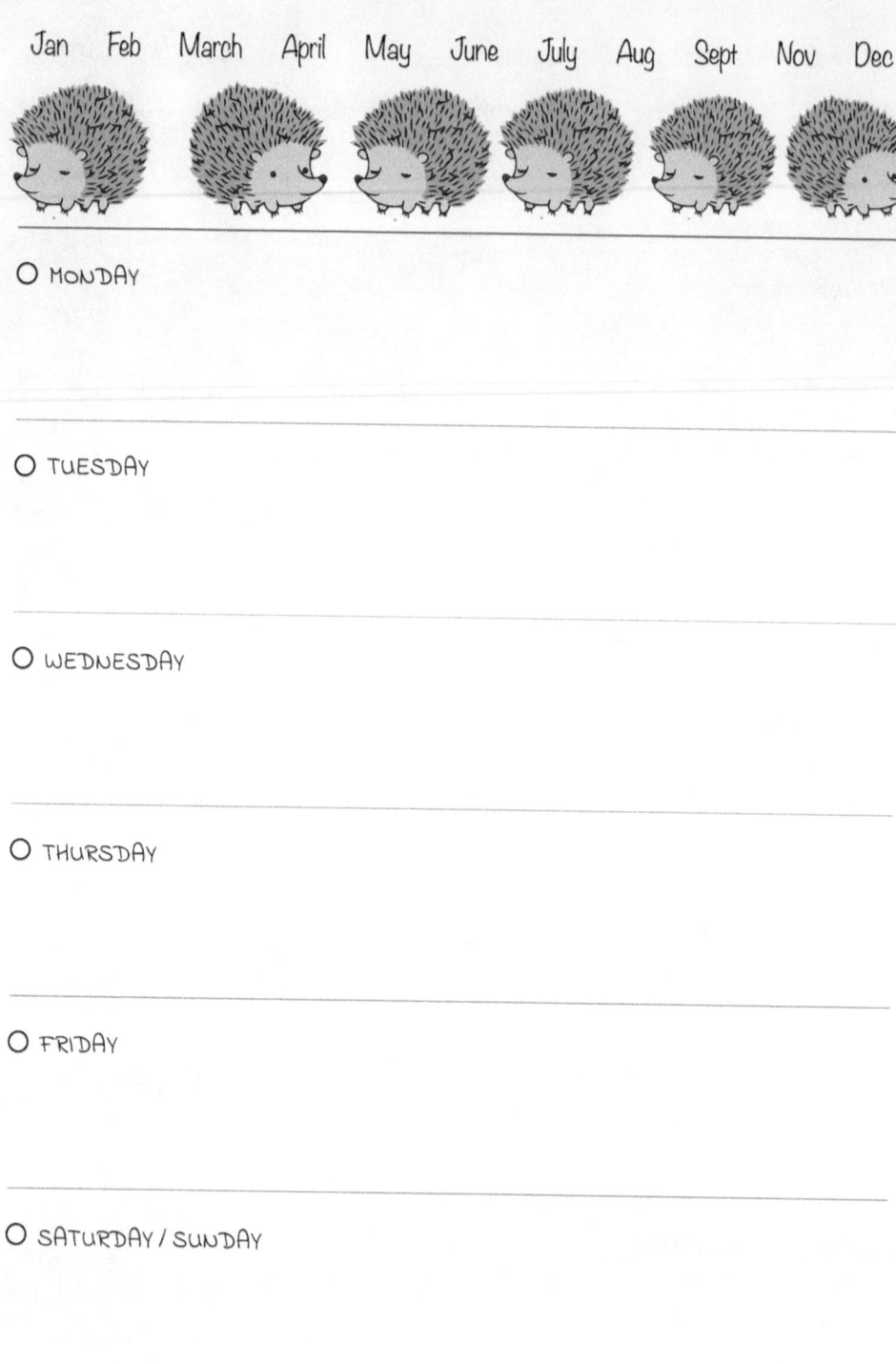

Jan Feb March April May June July Aug Sept Nov Dec

O MONDAY

O TUESDAY

O WEDNESDAY

O THURSDAY

O FRIDAY

O SATURDAY / SUNDAY

Jan Feb March April May June July Aug Sept Nov Dec

- MONDAY

- TUESDAY

- WEDNESDAY

- THURSDAY

- FRIDAY

- SATURDAY / SUNDAY

Jan Feb March April May June July Aug Sept Nov Dec

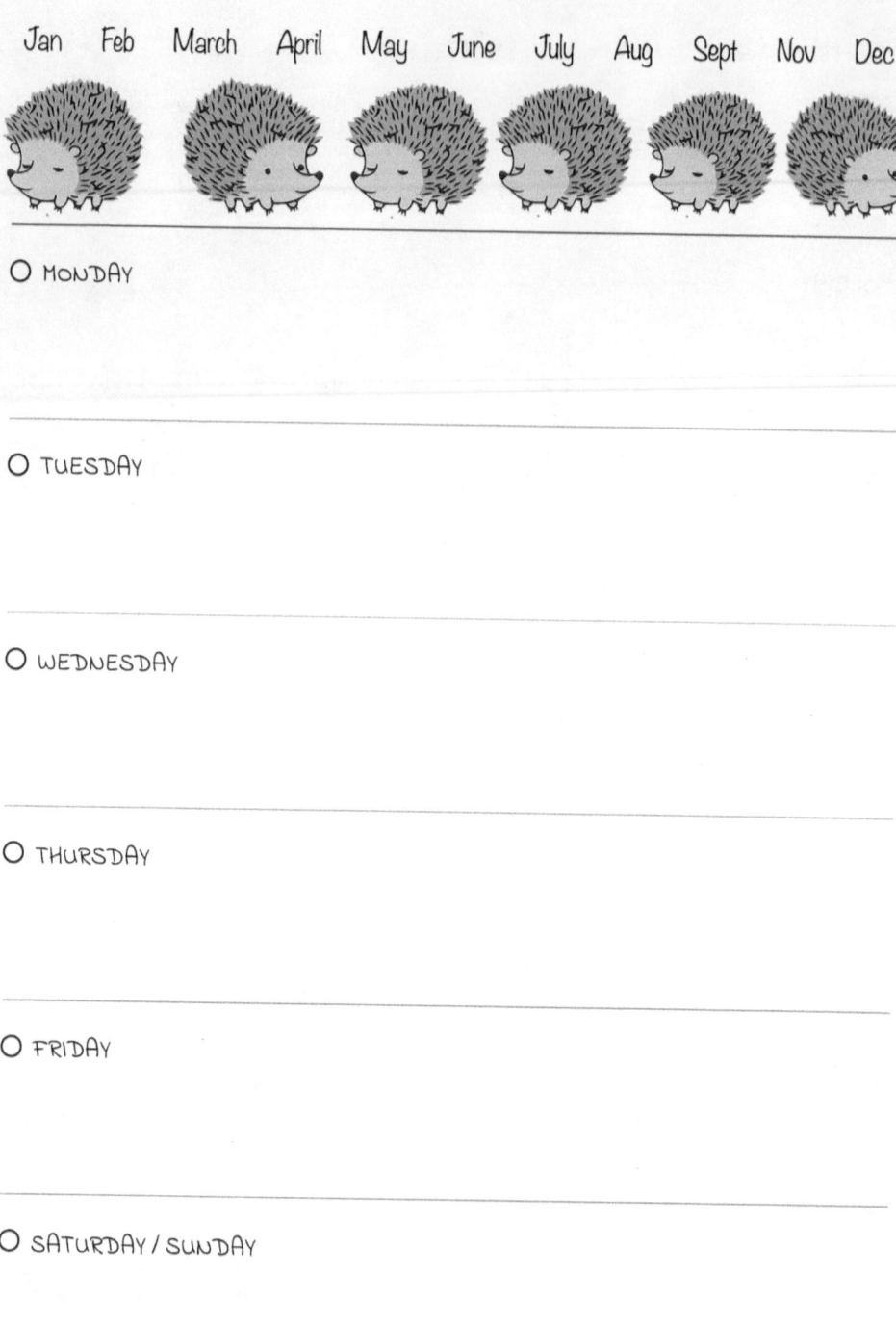

○ MONDAY

○ TUESDAY

○ WEDNESDAY

○ THURSDAY

○ FRIDAY

○ SATURDAY / SUNDAY

Jan Feb March April May June July Aug Sept Nov Dec

○ MONDAY

○ TUESDAY

○ WEDNESDAY

○ THURSDAY

○ FRIDAY

○ SATURDAY / SUNDAY

Jan   Feb   March   April   May   June   July   Aug   Sept   Nov   Dec

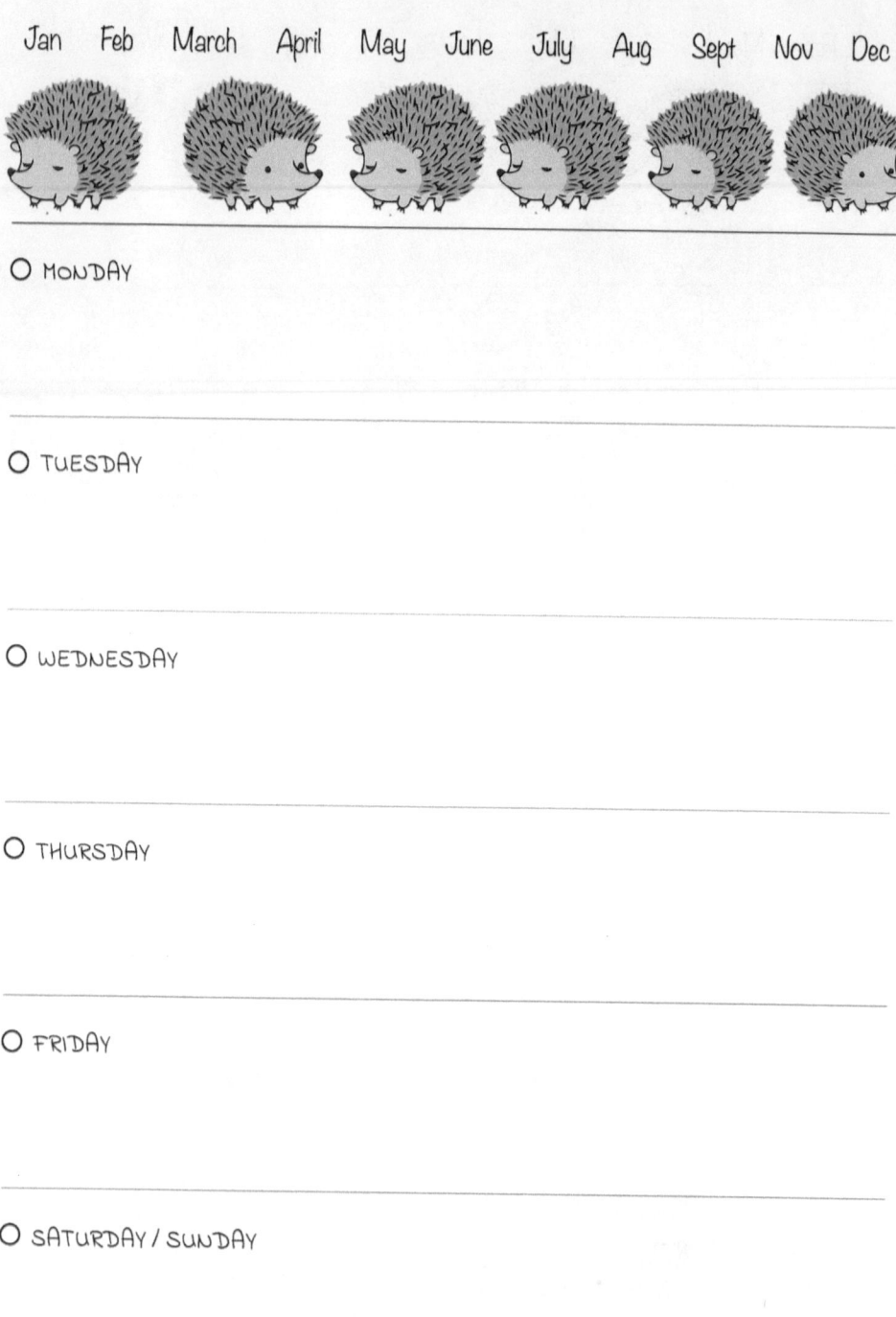

O MONDAY

O TUESDAY

O WEDNESDAY

O THURSDAY

O FRIDAY

O SATURDAY / SUNDAY

Jan   Feb   March   April   May   June   July   Aug   Sept   Nov   Dec

○ MONDAY

○ TUESDAY

○ WEDNESDAY

○ THURSDAY

○ FRIDAY

○ SATURDAY / SUNDAY

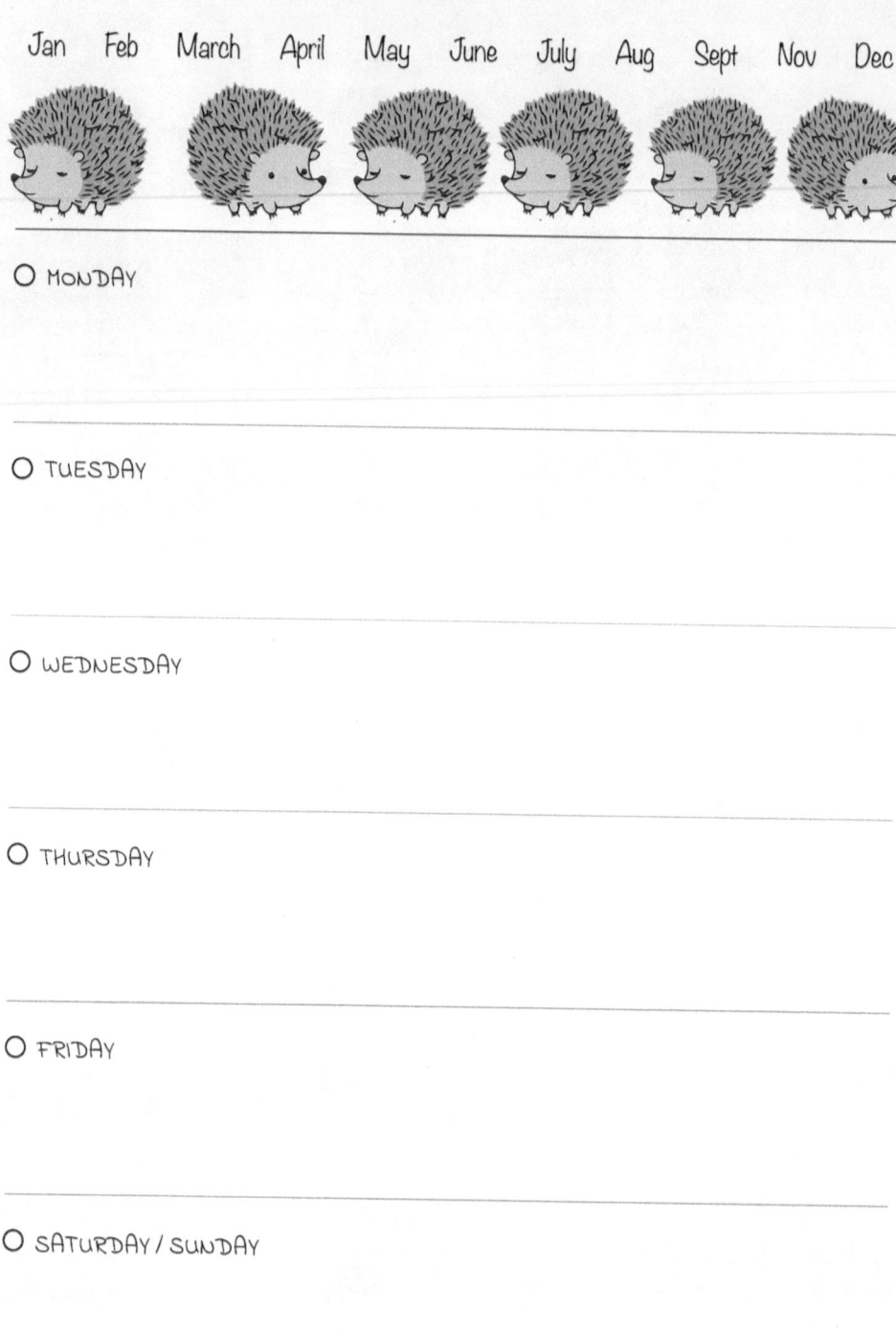

Jan Feb March April May June July Aug Sept Nov Dec

O MONDAY

O TUESDAY

O WEDNESDAY

O THURSDAY

O FRIDAY

O SATURDAY / SUNDAY

Jan Feb March April May June July Aug Sept Nov Dec

○ MONDAY

○ TUESDAY

○ WEDNESDAY

○ THURSDAY

○ FRIDAY

○ SATURDAY / SUNDAY

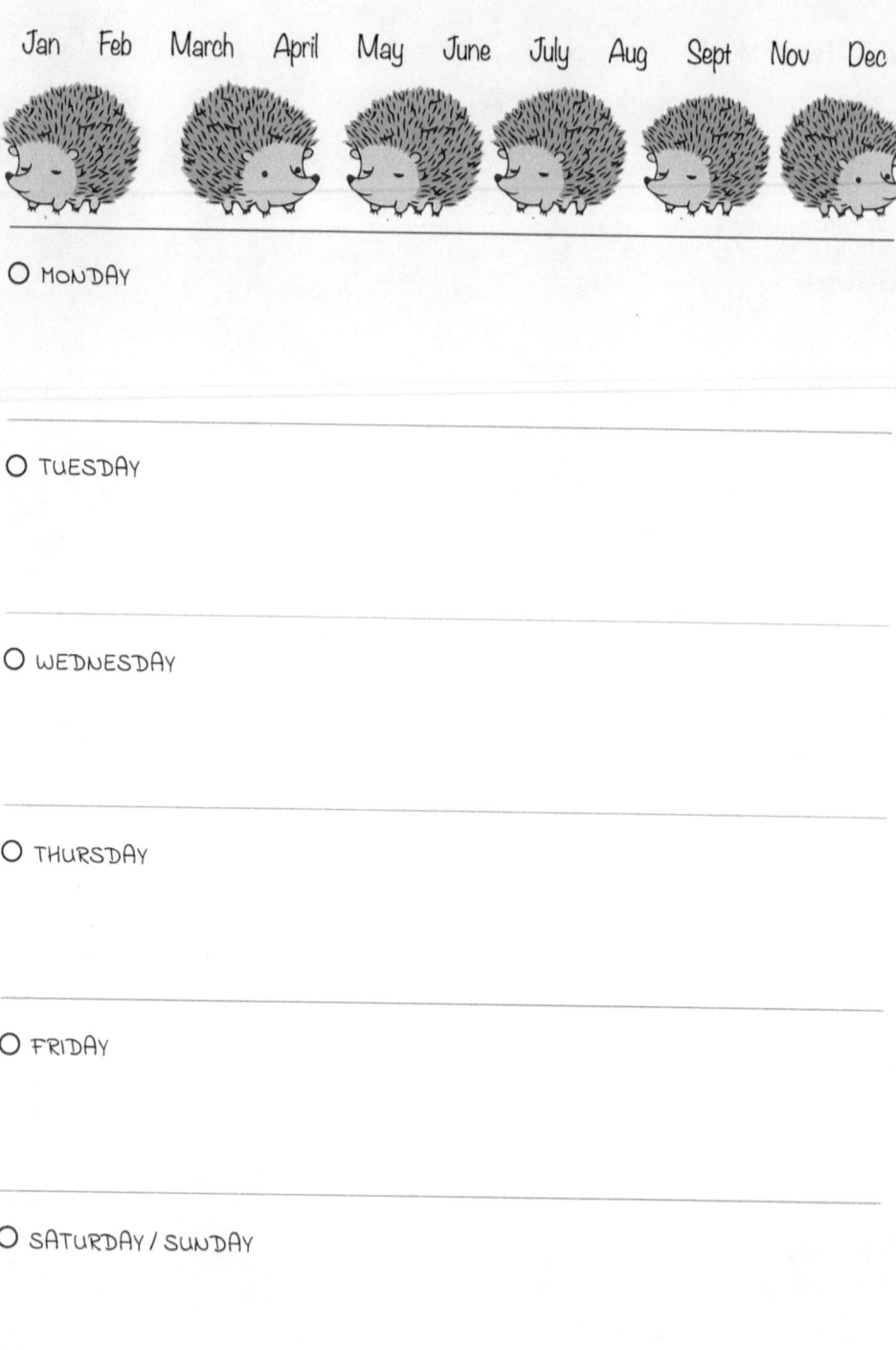

Jan Feb March April May June July Aug Sept Nov Dec

○ MONDAY

○ TUESDAY

○ WEDNESDAY

○ THURSDAY

○ FRIDAY

○ SATURDAY / SUNDAY

Jan   Feb   March   April   May   June   July   Aug   Sept   Nov   Dec

○ MONDAY

○ TUESDAY

○ WEDNESDAY

○ THURSDAY

○ FRIDAY

○ SATURDAY / SUNDAY

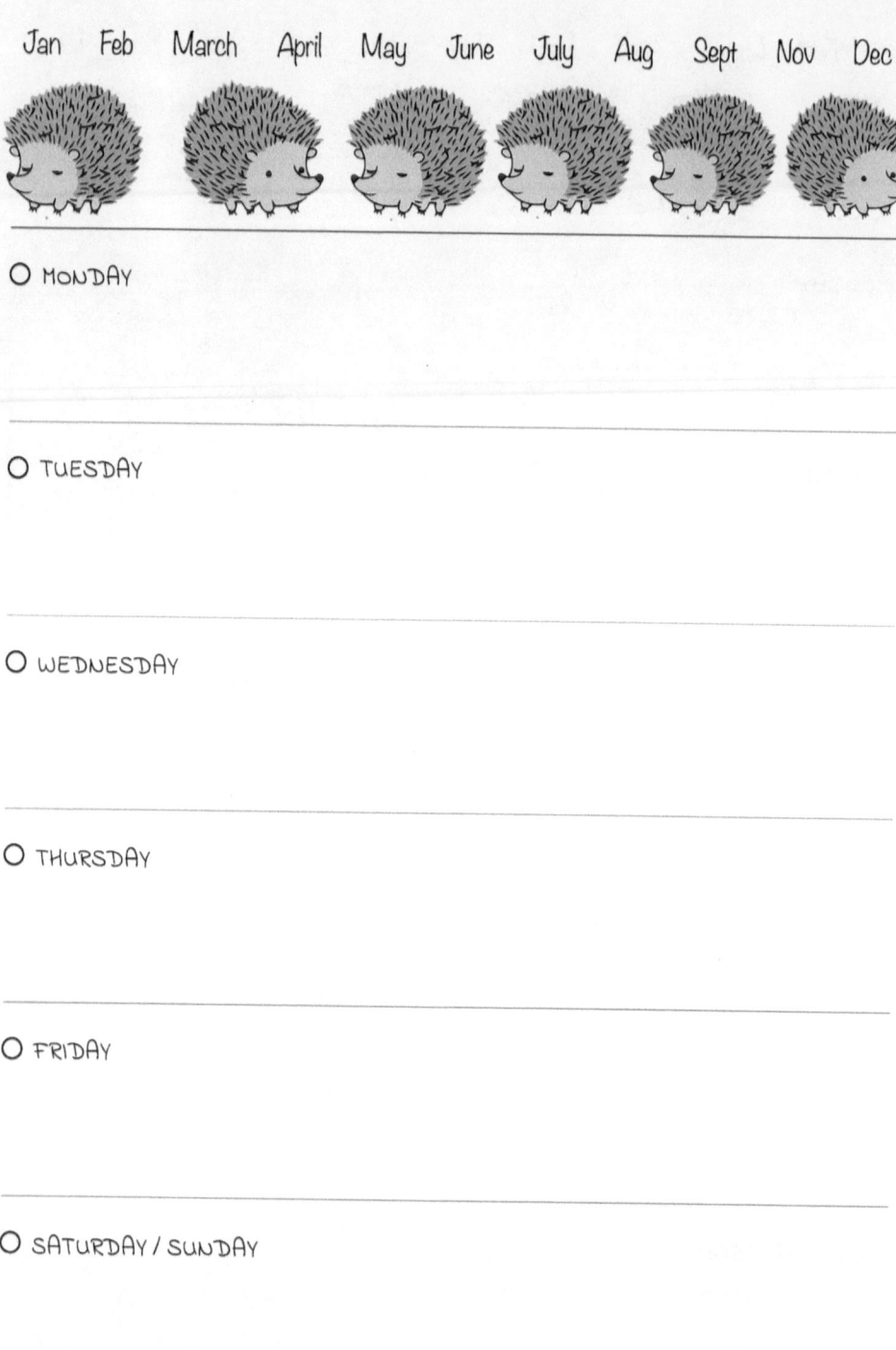

Jan Feb March April May June July Aug Sept Nov Dec

O MONDAY

O TUESDAY

O WEDNESDAY

O THURSDAY

O FRIDAY

O SATURDAY / SUNDAY

Jan   Feb   March   April   May   June   July   Aug   Sept   Nov   Dec

○ MONDAY

○ TUESDAY

○ WEDNESDAY

○ THURSDAY

○ FRIDAY

○ SATURDAY / SUNDAY

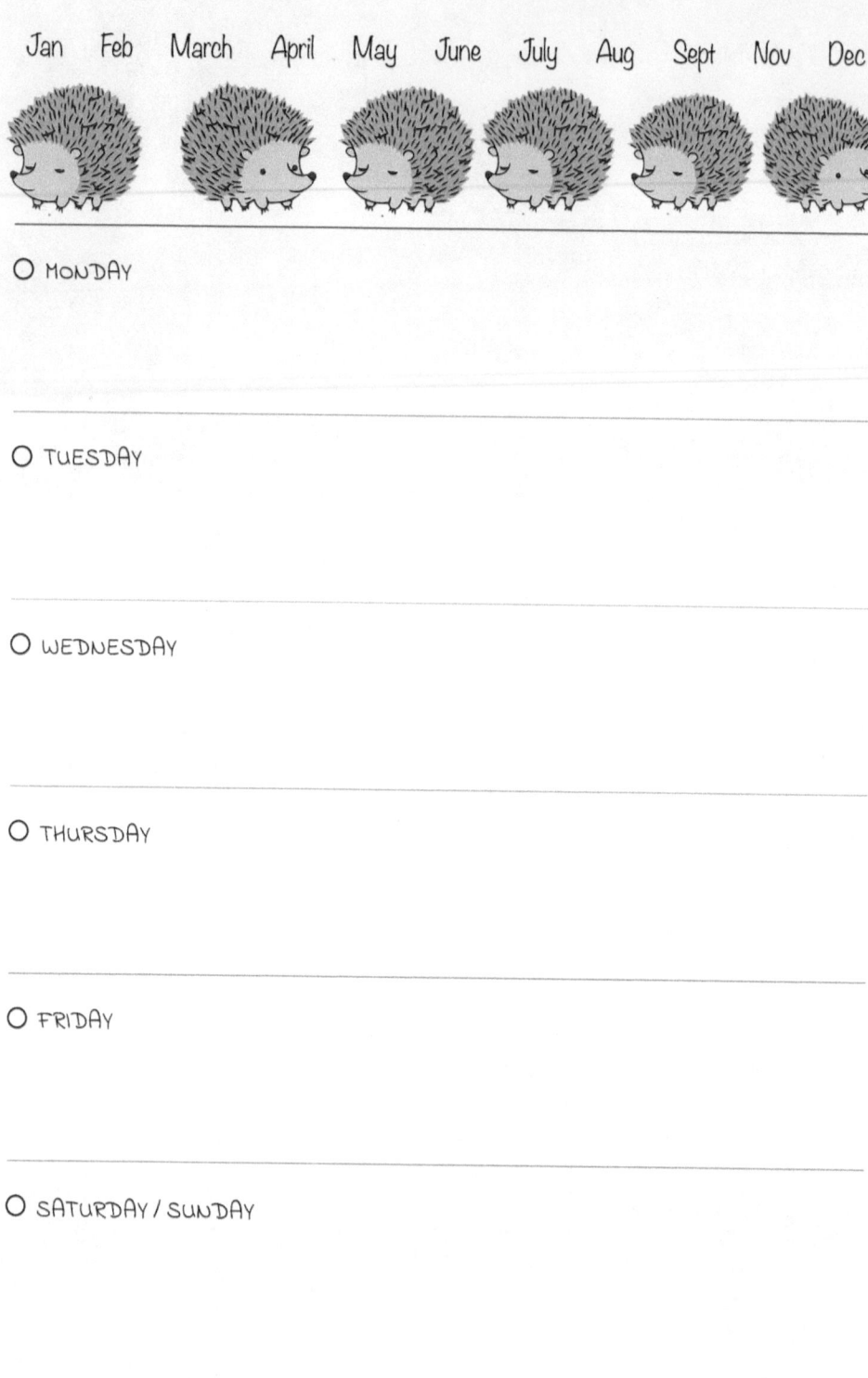

Jan Feb March April May June July Aug Sept Nov Dec

O MONDAY

O TUESDAY

O WEDNESDAY

O THURSDAY

O FRIDAY

O SATURDAY / SUNDAY

Jan Feb March April May June July Aug Sept Nov Dec

○ MONDAY

○ TUESDAY

○ WEDNESDAY

○ THURSDAY

○ FRIDAY

○ SATURDAY / SUNDAY

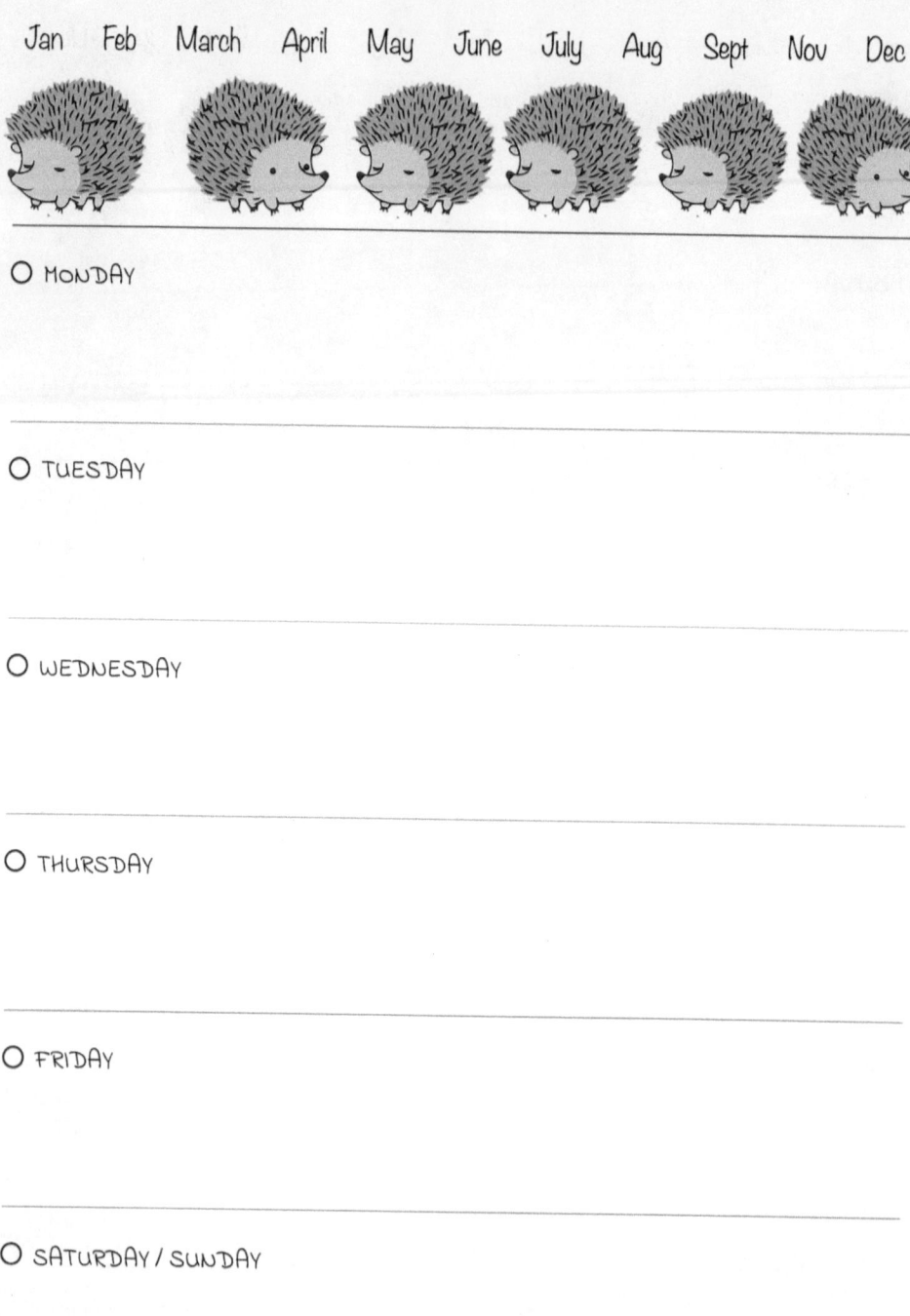

Jan Feb March April May June July Aug Sept Nov Dec

- ○ MONDAY

- ○ TUESDAY

- ○ WEDNESDAY

- ○ THURSDAY

- ○ FRIDAY

- ○ SATURDAY / SUNDAY

Jan   Feb   March   April   May   June   July   Aug   Sept   Nov   Dec

○ MONDAY

○ TUESDAY

○ WEDNESDAY

○ THURSDAY

○ FRIDAY

○ SATURDAY / SUNDAY

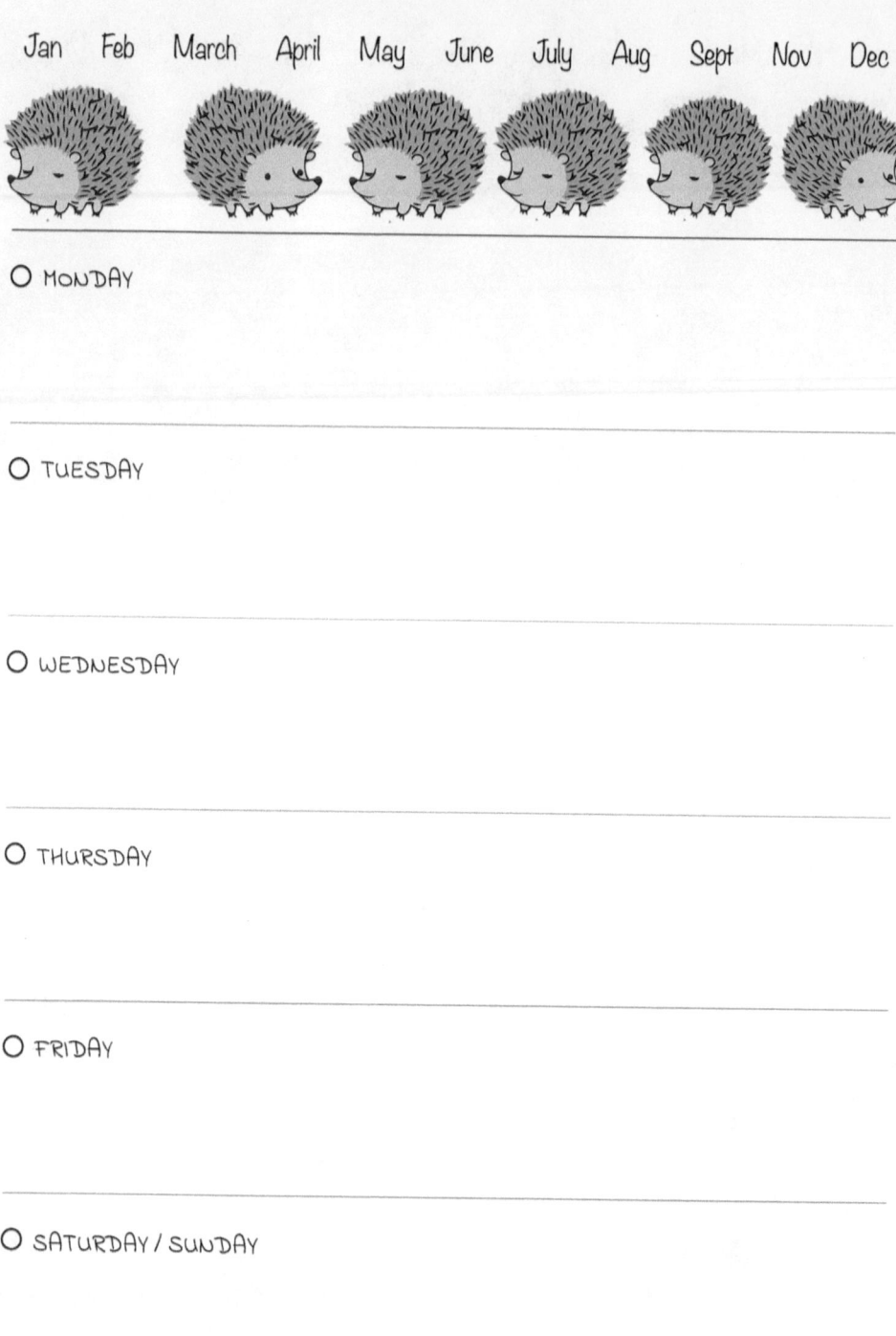

Jan　Feb　March　April　May　June　July　Aug　Sept　Nov　Dec

O MONDAY

O TUESDAY

O WEDNESDAY

O THURSDAY

O FRIDAY

O SATURDAY / SUNDAY

Jan   Feb   March   April   May   June   July   Aug   Sept   Nov   Dec

○ MONDAY

○ TUESDAY

○ WEDNESDAY

○ THURSDAY

○ FRIDAY

○ SATURDAY / SUNDAY

Jan Feb March April May June July Aug Sept Nov Dec

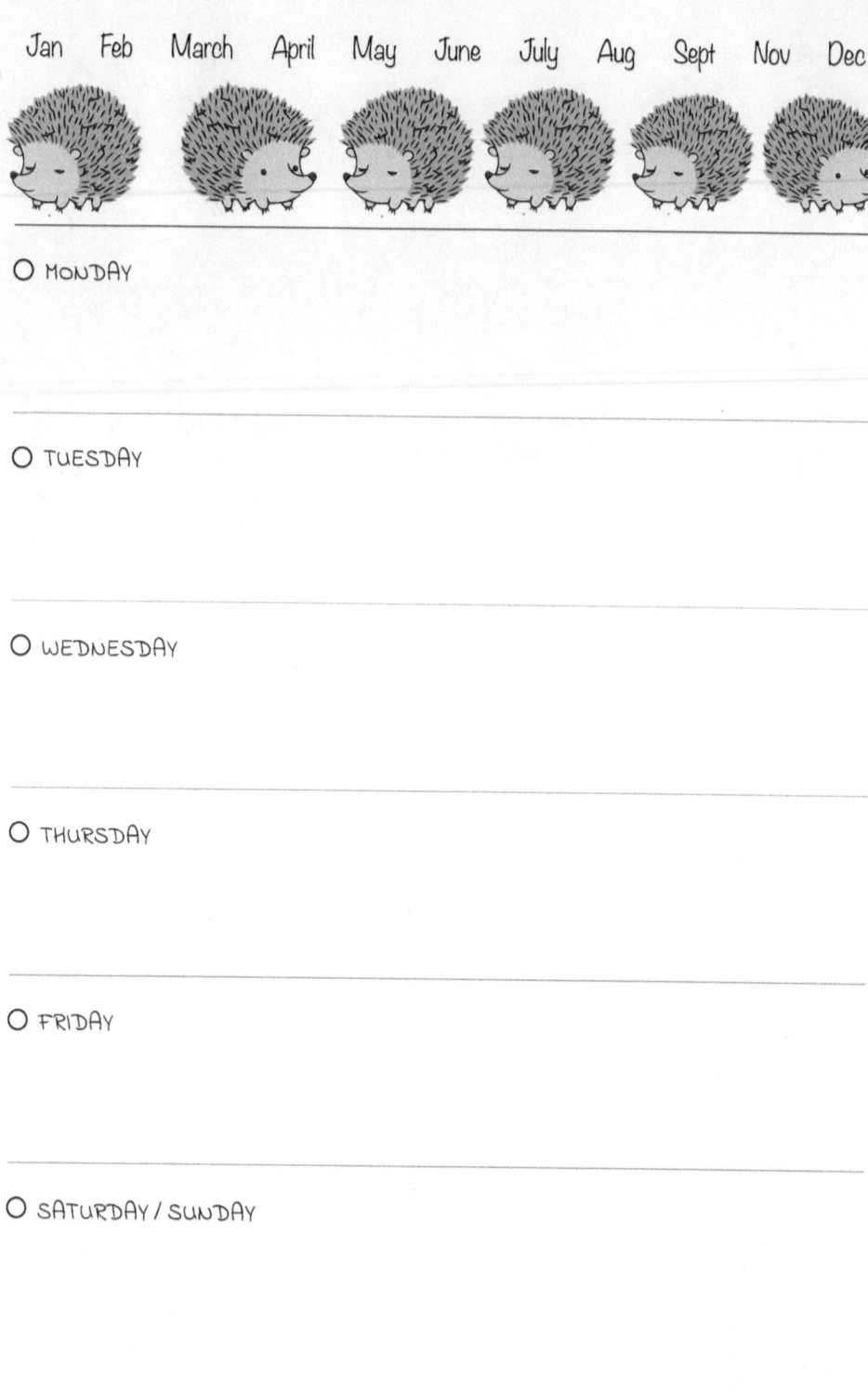

○ MONDAY

○ TUESDAY

○ WEDNESDAY

○ THURSDAY

○ FRIDAY

○ SATURDAY / SUNDAY

Jan Feb March April May June July Aug Sept Nov Dec

○ MONDAY

○ TUESDAY

○ WEDNESDAY

○ THURSDAY

○ FRIDAY

○ SATURDAY / SUNDAY

Jan Feb March April May June July Aug Sept Nov Dec

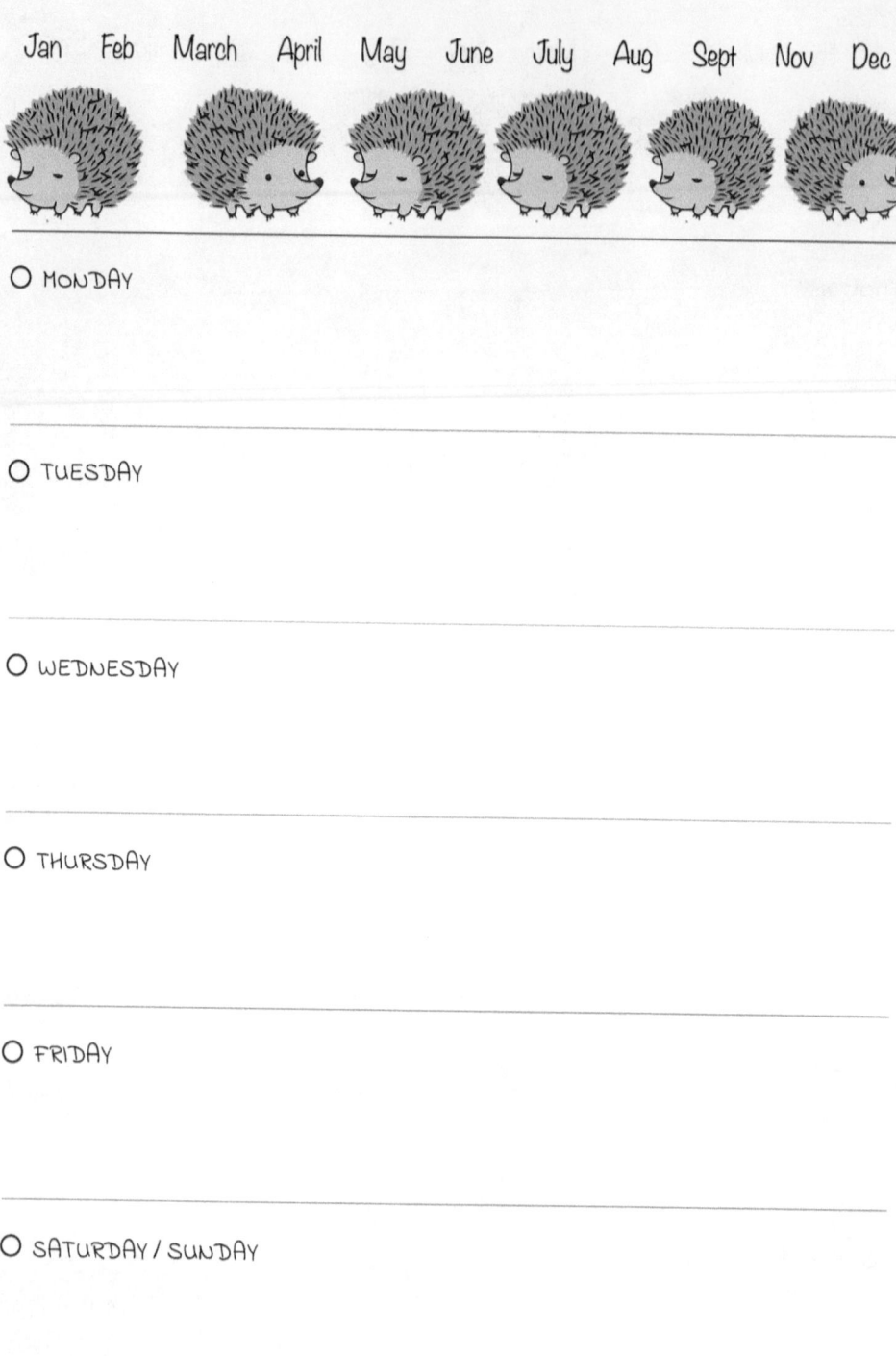

O MONDAY

O TUESDAY

O WEDNESDAY

O THURSDAY

O FRIDAY

O SATURDAY / SUNDAY

Jan Feb March April May June July Aug Sept Nov Dec

○ MONDAY

○ TUESDAY

○ WEDNESDAY

○ THURSDAY

○ FRIDAY

○ SATURDAY / SUNDAY

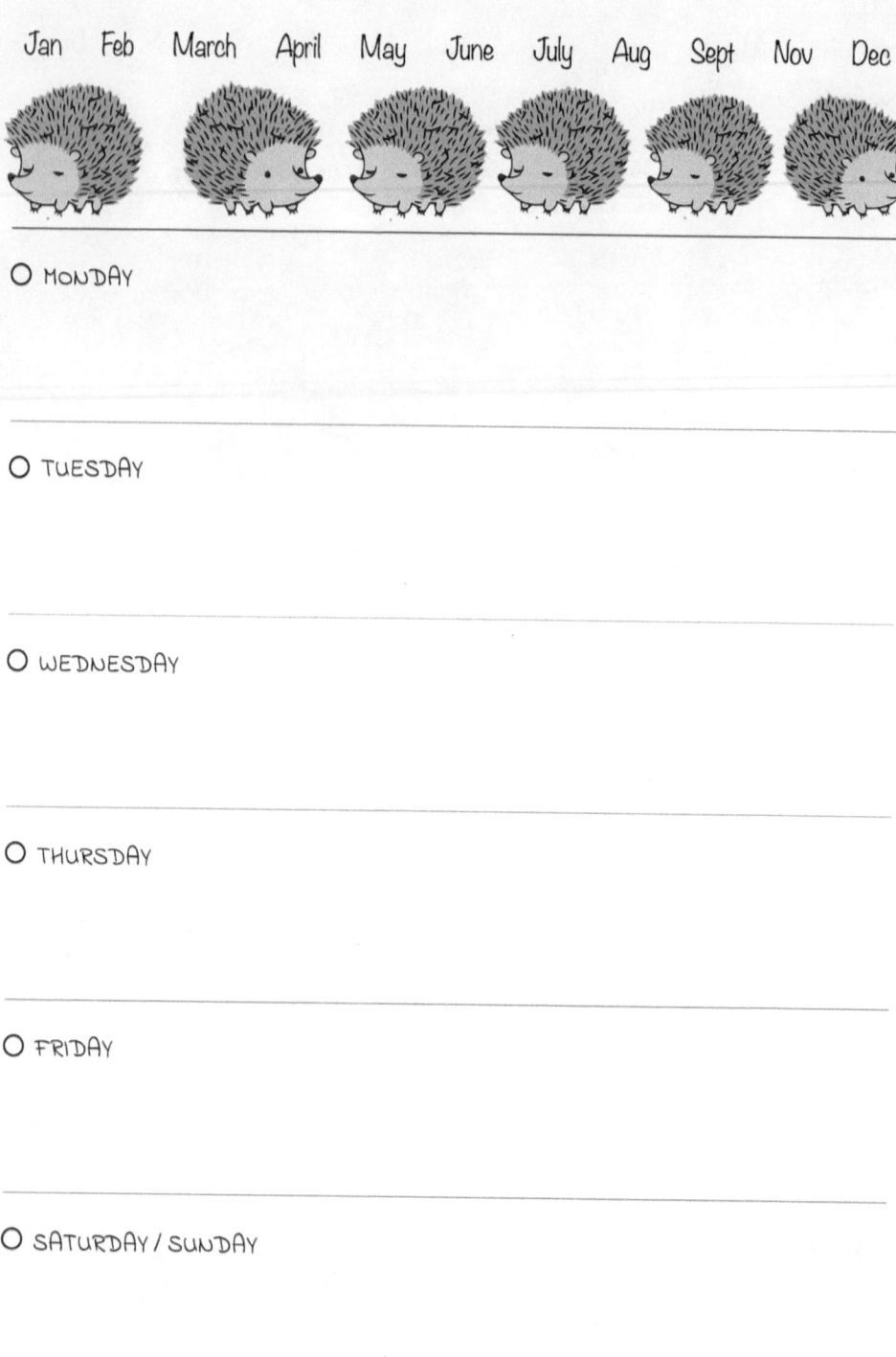

○ MONDAY

○ TUESDAY

○ WEDNESDAY

○ THURSDAY

○ FRIDAY

○ SATURDAY / SUNDAY

Jan   Feb   March   April   May   June   July   Aug   Sept   Nov   Dec

○ MONDAY

○ TUESDAY

○ WEDNESDAY

○ THURSDAY

○ FRIDAY

○ SATURDAY / SUNDAY

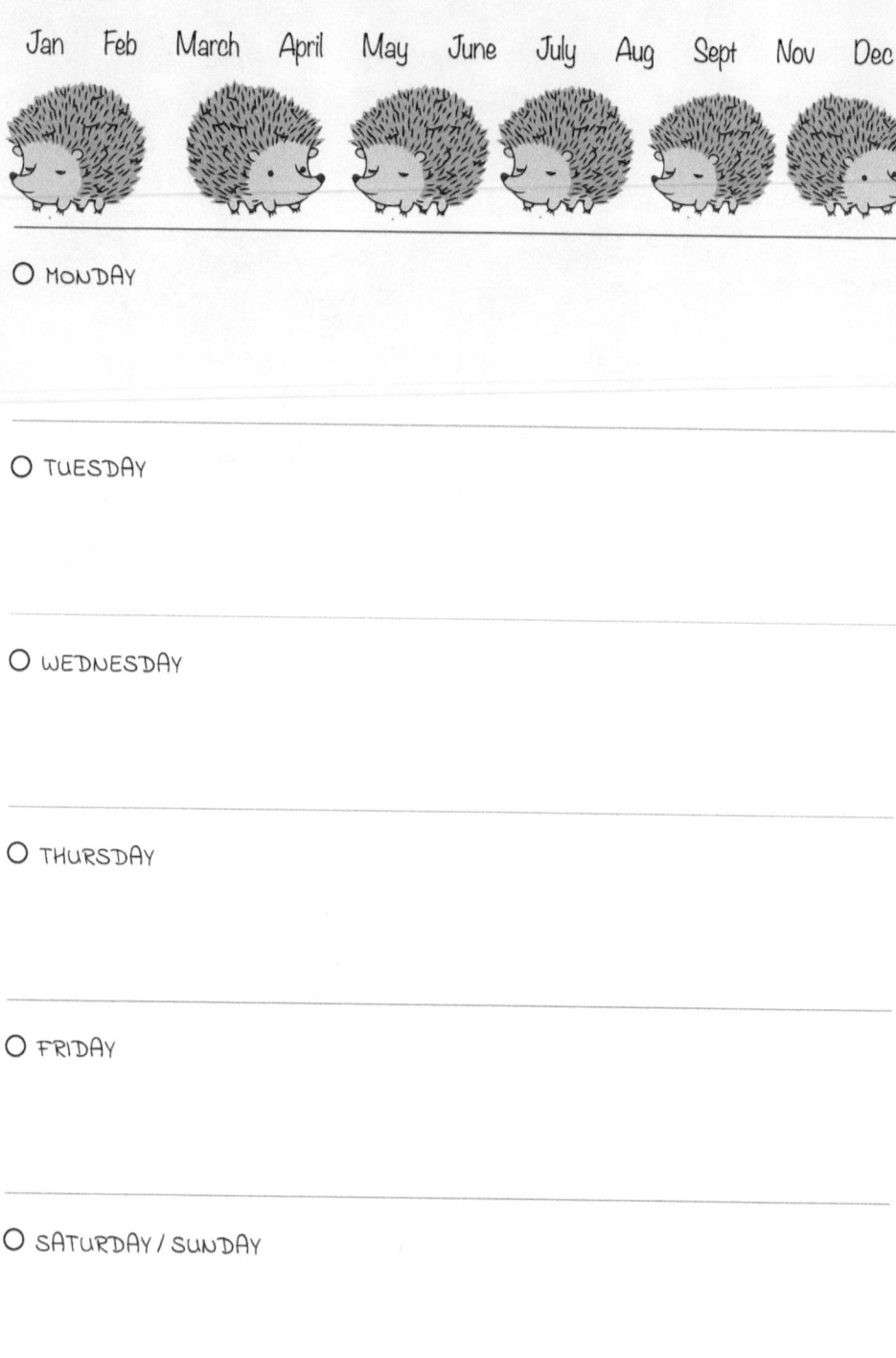

Jan Feb March April May June July Aug Sept Nov Dec

O MONDAY

O TUESDAY

O WEDNESDAY

O THURSDAY

O FRIDAY

O SATURDAY / SUNDAY

Jan Feb March April May June July Aug Sept Nov Dec

○ MONDAY

○ TUESDAY

○ WEDNESDAY

○ THURSDAY

○ FRIDAY

○ SATURDAY / SUNDAY

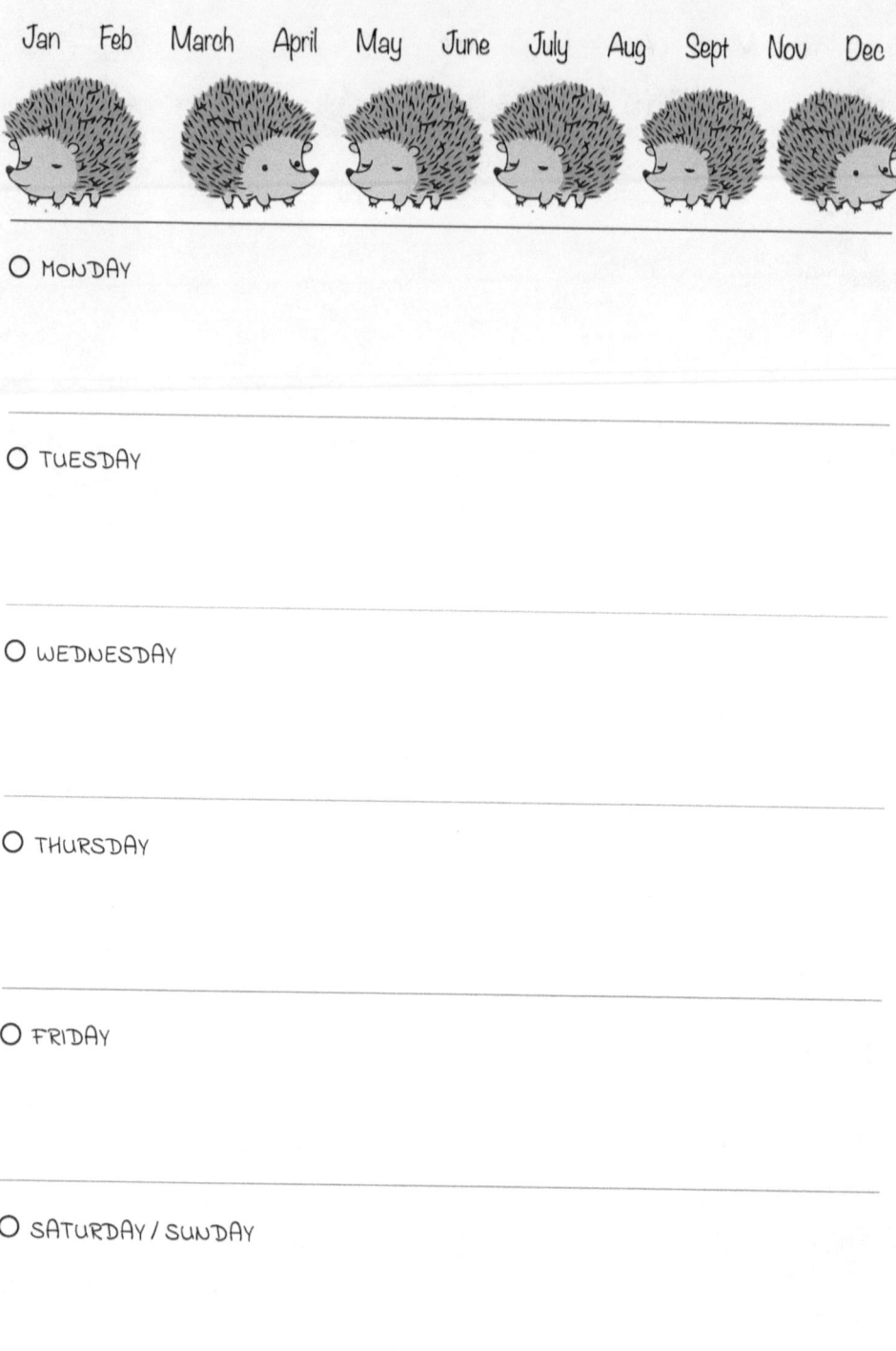

Jan Feb March April May June July Aug Sept Nov Dec

O MONDAY

O TUESDAY

O WEDNESDAY

O THURSDAY

O FRIDAY

O SATURDAY / SUNDAY

Jan Feb March April May June July Aug Sept Nov Dec

○ MONDAY

○ TUESDAY

○ WEDNESDAY

○ THURSDAY

○ FRIDAY

○ SATURDAY / SUNDAY

Jan Feb March April May June July Aug Sept Nov Dec

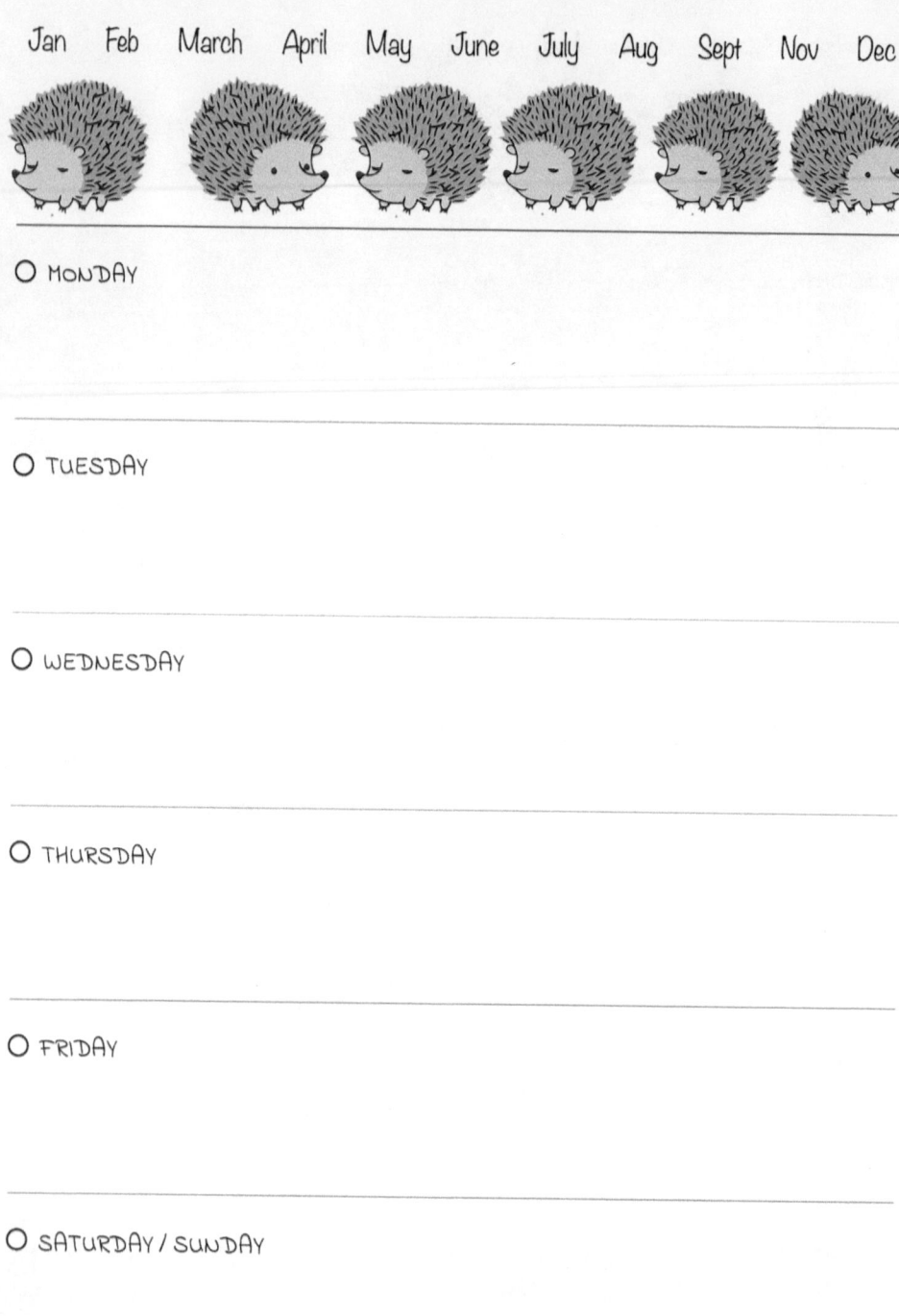

O MONDAY

O TUESDAY

O WEDNESDAY

O THURSDAY

O FRIDAY

O SATURDAY / SUNDAY

Jan   Feb   March   April   May   June   July   Aug   Sept   Nov   Dec

○ MONDAY

○ TUESDAY

○ WEDNESDAY

○ THURSDAY

○ FRIDAY

○ SATURDAY / SUNDAY

Jan Feb March April May June July Aug Sept Nov Dec

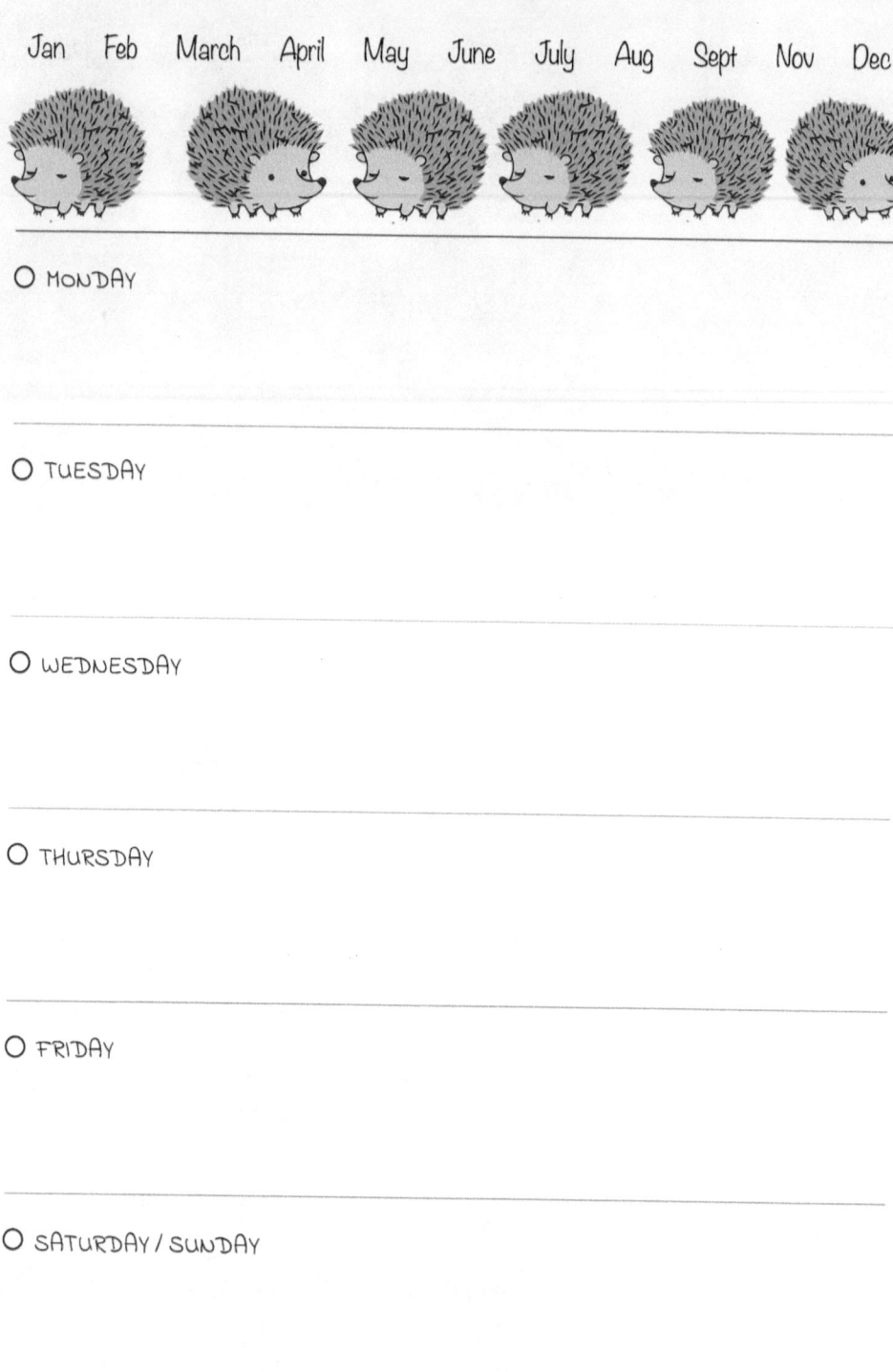

O MONDAY

O TUESDAY

O WEDNESDAY

O THURSDAY

O FRIDAY

O SATURDAY / SUNDAY

Jan Feb March April May June July Aug Sept Nov Dec

○ MONDAY

○ TUESDAY

○ WEDNESDAY

○ THURSDAY

○ FRIDAY

○ SATURDAY / SUNDAY

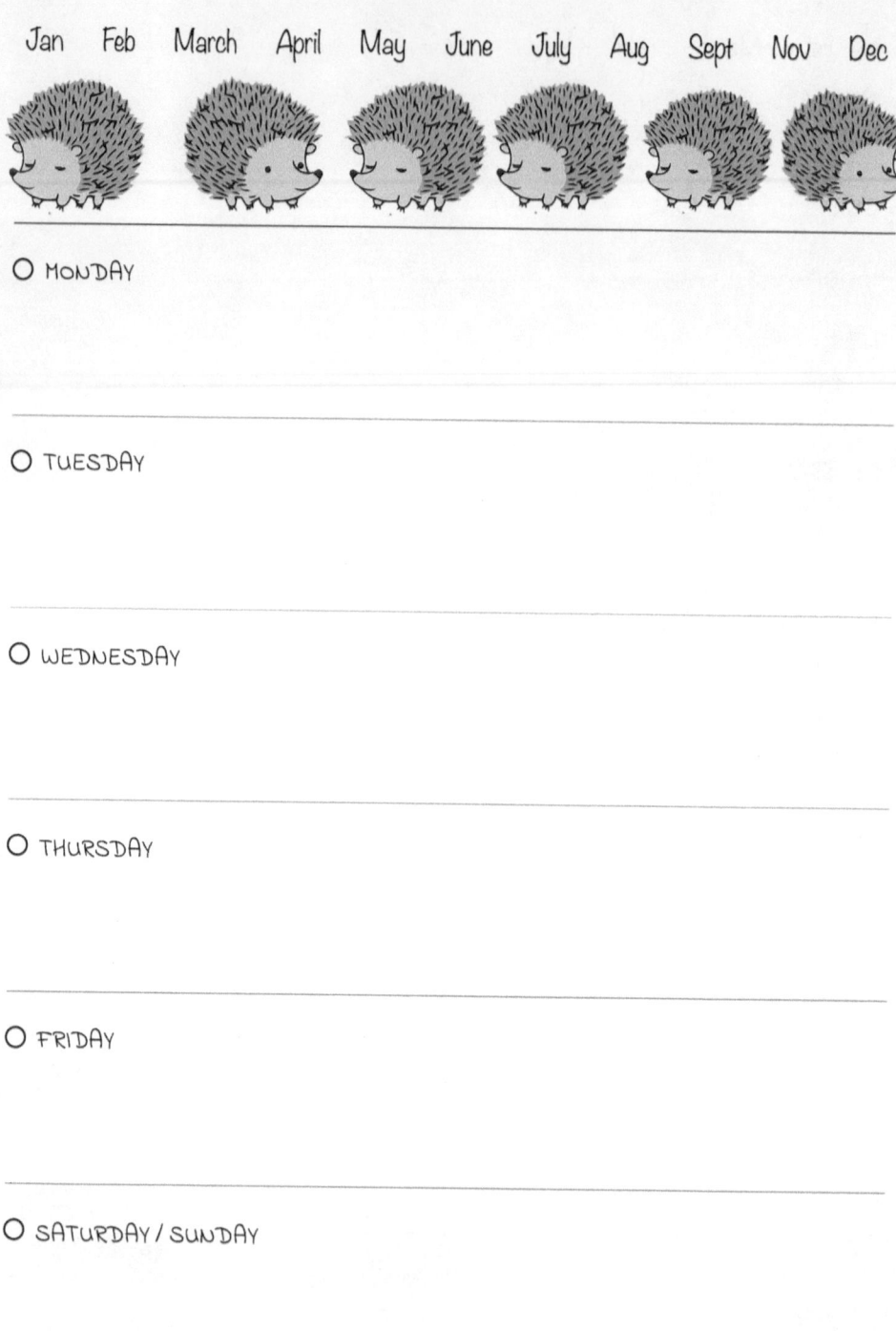

Jan Feb March April May June July Aug Sept Nov Dec

○ MONDAY

○ TUESDAY

○ WEDNESDAY

○ THURSDAY

○ FRIDAY

○ SATURDAY / SUNDAY

Notes

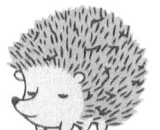 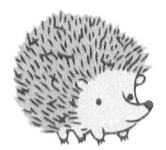 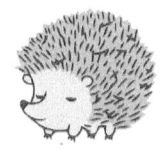 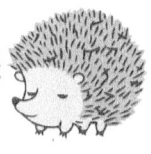 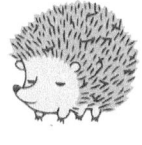 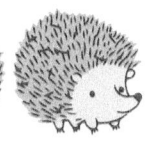

©Urchin Wear

Notes

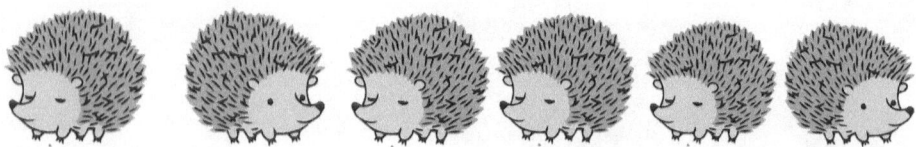

©Urchin Wear

Notes

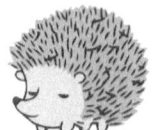 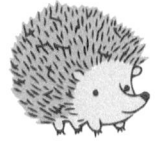 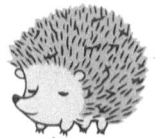 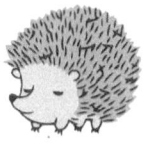 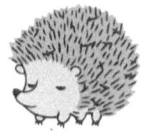 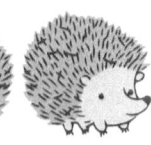

©Urchin Wear

Notes

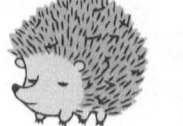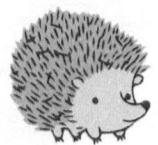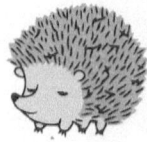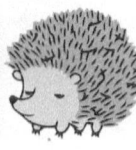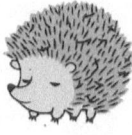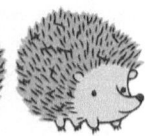

©Urchin Wear

www.ingramcontent.com/pod-product-compliance
Lightning Source LLC
Chambersburg PA
CBHW030941240526
45463CB00015B/926